괜찮다

괜찮다

최성옥 수필집

인간과문학사

| 작가의 말 |

소소한 나의 삶의 편린들

　남한강과 북한강이 합수머리를 이루는 고향의 강물. 유유히 흐르는 강줄기처럼 시간의 강물도 쉼 없이 흘러갔다. 2003년도에 《수필과비평》에서 신인상으로 등단을 했으니, 벌써 22년이나 지나갔다.
　오랜 시간 깊이 묻어두었던 나의 수필. 언젠가는 낡아져서 먼지처럼 날아갈 것만 같았던, 내 삶의 이야기들을 이제야 펼치련다. 오랜 정적의 시간 속에서도 내 수필을 잊은 적은 없었다. 수필을 쓰면서 나를 들여다보는 작업은 삶의 원동력이었다.
　세상일, 마음먹은 대로 되는 건 없듯이, 언젠가 내 수필집을 내야지 했다. 그런데 언젠가가 너무 많이 늦어졌다. 때론 걸림돌에 걸려 글쓰기를 게을리하기도 했고, 남편의 긴 투병 생활로 10년 동안 옆에서 간병하느라 내게 글 쓰는 일은 사치였다.

3년 전, 아픈 남편을 하늘나라로 보내 드리고 정신이 조금 나자 그제야 내가 쓴 글들을 다시 읽어보았다. 소소한 나의 삶의 편린들이 그림처럼 색색이 물들어 있었다. 보잘것없지만 내겐 소중한 흔적들이다. 책으로 묶어 남겨두기로 했다.
　이 책을 돌아가신 남편에게 바친다. 평소, 내가 책을 읽고 글을 쓰는 걸 좋아했다. 늘 옆에서 응원해 주고 격려해준 사람이었다.
　나에게 힘이 되어주는 든든한 두 아들, 손자들(태영, 태환)과 손녀(하린)에게도 할머니의 사랑을 보낸다.

　유한근 지도교수님께도 깊은 감사를 드립니다. 다방면적인 문학 강좌를 통해 문학적 소양을 넓혀주시고, 작가정신을 잃지 않고 정진할 것을 일깨워주십니다.

최성옥

| 목차 |

작가의 말 - 4

제1부 놋쇠 화로

눈 감으면 열리는 세상 - 12
녹색 구두 - 16
놋쇠 화로 - 20
보퉁이 - 25
하얀 병실에서 일주일 - 31
짜릿한 스릴을 낚다 - 36
시어머니의 놋그릇 - 41
산수유 꽃이 필 때면 - 46
맛있는 중독 - 50
운을 부른 꿈 - 54
어머니의 웃음 - 59
텃세 - 64
연습으로 써본 유서 - 68

제2부 가족사진

실없는 농담 - 74

허깨비 - 80

장마철 - 85

괜찮다 - 90

변곡점 - 95

강물처럼 할머니처럼 - 100

고무신 - 105

가족사진 - 109

낡은 소반 - 113

남폿불이 비춘 새벽길 - 118

명품 나무 - 122

내부 수리 - 127

제3부 하산

고향역을 스쳐 가는 기차 - 134

하산 - 139

어느 노인의 눈물 - 143

내가 맡은 배역 - 147

호안 미로의 미술전 - 151

개나리 활짝 핀 길목에서 - 155

어느 여름날에 한 실수 - 159

지하철을 타다 - 164

이사를 기억하다 - 169

은은한 향기 - 174

예기치 못한 고백 - 178

처네 포대기 - 183

제4부 분재 예찬

공명의 방 - 188

해송 숲을 바라보다 - 192

술에 취한 듯 여행에 취하다 - 197

비워진 시간을 메우다 - 202

마라도, 그 섬 길을 걷다 - 205

분재 예찬 - 209

물 위에 떠있는 집 - 212

300년 만의 해후 - 216

영화 〈아무르〉를 생각하다 - 220

서로 나누어 주는 삶 - 224

불꽃 심지 - 229

깊은 우물 - 233

최성옥의 수필 세계
서정수필과 서사수필의 경계 허물기 _유한근(문학평론가·전 SCAU 교수) - 237

1부

놋쇠 화로

눈 감으면 열리는 세상

눈만 뜨면 보이는 세상은 너무나 익숙한 일상이다. 그래서 나는 그 이상의 것을 보는데 무심했는지 모른다.

최근에 영화 한 편을 보았다. 특이하고 생소한 소재는 스크린 가득 혐오감을 주거나 안타까운 모습으로 비쳤다. 영화를 보게 된 동기는 내가 겪은 작은 사건하고 무관하지 않다.

흰 목련이 벙글 때이니 꼭 이맘때이다. 겨울 동안 걸었던 커튼을 떼다가 눈에 이물질이 들어갔다. 밤이 되자 눈이 빨갛게 충혈되었다. 급한 대로 얼마 전 사다 놓은 안약을 두 눈에 넣었다. 그런데 이상한 느낌이 전해졌다. 강한 접착제가 들어가 눈이 굳어지기라도 하듯 뻑뻑해 왔다.

덜컥 겁이 나서 눈을 떠보니 보이는 것은 하얀 우윳빛뿐이었다. 전등 불빛도 비추지 않았다.

남편에게 의지해서 목욕탕에 들어가 온몸이 물에 흠뻑 젖도록 눈을 씻어냈다. 심장이 터질 듯 답답하고 무서워서 떨리는 마음에 기도가 저절로 나왔다. 태어나서 그토록 내가 믿는 신께 매달린 적이 있던가. 그러길 십여 분. 그제야 비로소 사물이 흐릿하게나마 보였다.

다음날 날이 밝자 찾아간 안과에서, 의사 선생님은 알레르기 쇼크 같다고 했다. 만약에, 라는 가상적인 설정을 하면 그때 일이 아찔하기만 하다. 그런데 왜? 그 끔찍한 소재로 만든 영화에 관심이 갔는지.

영화 원작은 네덜란드 노벨문학상 작가, 구제 사마라구가 쓴 《눈먼 자들의 도시》를 영화화한 것이다. 어느 날, 도시의 도로에서 신호를 기다리며 서 있던 자가용 운전자가 갑자기 눈이 멀면서 영화는 시작된다. 세상이 온통 우윳빛으로 보이는 백색 눈병이 전염병처럼 빠르게 전염되어간다. 도시는 갑자기 마비되고, 눈먼 환자들은 하루아침에 아무것도 할 수 없게 된다. 인간적인 품위나 인격마저 잃어간다. 한 마리의 울부짖는 동물처럼 한 끼 식사에 매달리고 배설과 본능적인 욕구에 노예가 되어간다.

최초 환자를 진찰해 주었던 안과 의사도 눈이 멀어 수용소에 수용되는데 오직 그 부인만 눈이 멀지 않는다. 눈먼 자들 가운데 오직 볼 수 있는 한 사람이다. 그녀는 눈앞에 비치는 상황에 절망하기보다 눈먼 남편과 주위 사람들을 돕고 그들을 이해하며 또한, 악의 무리에 맞서 싸운다. 마치 길 잃어 헤매는 양 떼를 찾아 바르게 인도하는 목동을 닮았다.

이 영화에서는 눈을 뜨고도 바르게 보지 못하고 올바로 살아가지 못하는 인간들을 질책한다. 비뚤어진 인간성, 사회적인 부조리, 무자비한 권력 등, 그 가운데 힘없는 자의 아픔을 이야기한다. 영화를 통해, 인간으로 살아가는 도리를 강한 메시지로 전해준다.

위기의 순간을 겪었던 나, 비슷한 소재를 바탕으로 만든 영화. 이런 경험들은 한 치 앞의 미래를 내다볼 수 없다는 것이다. 언제나 오늘처럼 평안하고 건강할 것 같고, 나에게만은 불행한 일들이 예외처럼 비켜가는 착각 속에 살고들 있을 테니. 그래서 안갯속 같은 미로를 걷다가 밝은 등불 같은 종교를 찾는지도 모르겠다.

보이진 않지만 보이는 것보다 더 강렬한 힘을 발산하는 존재. 내가 다급했을 때 위로가 되었던 존재. 때론 눈에 보이지 않아서, 목소리를 들을 수 없어서, 지루하고 갈증 나게 느껴지던 종교이나 계속 찾고 있다.

그런 갈등을 겪을 때면 나는 《실낙원》을 쓴 영국의 시인 존 밀턴을 떠올린다. 정치적으로 패하고 사형수가 되지만, 가까스로 사형을 면하자 과로로 인해 실명하게 된다. 그가 입으로 구술하고 딸이 받아써서 탄생한 대서사시다. 그는 비록 볼 수 없지만, 붓 대신 입으로 불후의 명작을 토해냈던 것이다. 육신의 눈은 잃었으나 영혼의 눈을 떴으니 말이다.

그러고 보니 마음의 눈으로 보이는 것들이 참 많기도 하다. 신을 향한 경외심, 아기를 향한 엄마의 깊은 사랑, 타인을 신뢰하는 믿음, 그리움, 기쁨, 환희, 분노 등, 나는 눈앞에 보이는 것에 너무 치중하며 살아왔는지도 모른다.

  명상에 들듯 호흡을 고른다. 그리고 눈을 감는다. 눈 뜨고 보는 세상만큼 소중한 내면의 나를 가만히 바라본다.

녹색 구두

신발장 문을 열었다. 가족들의 신발들이 가지런히 놓여 있다. 그중에서 내 신발 몇 켤레를 추려낸다. 신발장 안이 갑자기 휑한 느낌이 든다. 매끈한 각선미의 여자 구두가 있어야 구색이 맞을 텐데, 거무튀튀한 남자 신발들만 남아 안 사람도 없는 홀아비 집처럼 썰렁해 보인다.

신발장 밖으로 꺼낸 내 신발들은 지나간 시간들이 정지된 채 머물러 있는 것 같다. 검정 바탕에 흰 선을 두른 굽 높은 구두, 올여름 한 번도 신어보지 못한 푸른색의 여름 샌들, 산을 타던 관록이 이곳저곳 상처로 남아있는 등산화도 이젠 무용지물이다.

하얀 테두리가 쳐진 검정 구두를 신고 다닐 때는 한창 제멋에 겨웠던 때이다. 문화센터를 다니며 취미생활과 봉사활동으로 바쁘게 살았다.

살림 재미도 물이 올라 알뜰살뜰 야무지게도 했다. 돌이켜보면 그때는 지칠 줄 모르고 피곤해도 하룻밤 자고 나면 씻은 듯이 사라졌다.

새의 부리처럼 가늘고 굽이 긴 푸른색 샌들은 여름 내내 발걸음을 같이했다. 은색 페디큐어를 바른 맨발에 신으면 너무나 시원한 느낌이었다. 가는 굽 때문에 걸음걸이도 조신하게 걸어야 했다. 자기도취에 흠뻑 빠져 못생긴 내 발도 예쁘게만 보였던 시절이다.

어쩌다 외출하는 날은 산뜻한 정장에 날렵하고 키가 큰 구두를 신곤 했는데, 그래서였는지 이따금 나를 알지 못하는 사람들은

"뭐 하시는 분이세요. 살림만 하시는 분 같지 않은데요."라는 말을 종종 하곤 했다. 가끔 "선생님 아니세요. 혹시 글 쓰는 작가는 아니세요?"라며 그런 분위기가 난다고들 했다.

신발장 밖으로 우르르 꺼내놓은 구두들은 제각각 나와 함께한 추억을 간직하고 있다. 하지만 어쩌랴. 이제는 신지 못하고 얌전히 모셔만 놓은 구두들이 짐처럼 거추장스럽다.

'아예 눈에 보이질 않아야 미련도 버릴 테지!' 아직 멀쩡한 구두들은 제발 버리지는 말아 달라고 애원하는 듯했다. 이 부질없는 욕심은 또 무엇이란 말인가. 몇 번이고 신발장에 다시 넣었다가 꺼내기를 반복했다.

요즘 거리를 지나다가 야무지고 단단해 뵈는 다리를 보면 그저 부러울 뿐이다. 남들이 나의 다리가 날씬하고 예쁘다느니, 바지보다 치마가 어울린다느니, 그런 소릴 들을 때마다 우쭐했다. 하지만 이젠 무릎이 약해지다 보니 무거운 지붕을 척 받치고 있는, 튼실한 기둥 같은 다리들이

부럽기만 하다. 나이 들어간다는 것은, 신을 수 있는 신발들을 버려야 하듯이 할 수 있던 것들을 하나둘 포기해 가는 것일지도 모른다.

사십 고개를 넘어선 무렵이었다. 목욕탕 거울에 비치는 체형은 아줌마의 모습으로 슬금슬금 변해갔다. 그때는 상실감에 우울해하곤 했다. 이젠 잃어가는 것에 익숙해 질만도 한 나이인데 무릎을 아끼라는 의사의 말에 덜컥 겁부터 난다.

갓 시집와서이다. 새댁의 호주머니 사정으로는 꽤 부담이 가는 구두를 산 적이 있다. 그만큼 내 마음을 사로잡았다. 녹색 바탕에 새싹 같은 리본이 달린 예쁜 구두였다. 그런데 너무 꼭 맞는 걸 산 것이 흠이 됐다. 어쩌다 외출을 하면 발뒤꿈치가 까지고 온 다리가 저려와 절뚝거리며 집으로 돌아와야 했다. 안타깝지만 아무리 맘에 들어도 신을 수가 없었다. 어느 날 이웃에 사는 친구에게 그 녹색 구두를 신겨 보내고 무척이나 섭섭해했다.

나는 이제 신발장에서 추려 놓은 구두들을 쓰레기봉투에 담고 있다. 예전에 단지 발에 안 맞아 친구에게 준 녹색 구두가 유달리 생각나지만, 예외 없이 정들었던 구두들과 피치 못할 이별을 해야 한다.

그러다 문득 그리스신화에 나오는 스핑크스의 수수께끼가 떠오른다.

'아침에는 네 발로 걷고, 낮에는 두 발로 걷고, 저녁에는 세 발로 걷는 동물은 무엇인가?'

인간의 노화를 말하는 이 수수께끼를 풀고 있자니 한편으로는 다시 기운이 난다. 아직도 나는 두 발로 걷고 있지 않은가. 굽 높은 구두를 못 신으면 어떻고, 예쁜 샌들을 신은 여인들의 다리를 감상만 하면 또 어떠랴.

예전에는 산악회를 따라서 전국 명산들을 돌며, 산을 실컷 즐겨보았으니 다행인 것을. 그나마 동네 야트막한 산이라도 아직은 오를 수 있다는 것에 만족한다. 푸른 산은 여전히 나를 기다리며 '어서 오라' 한다. 내 무릎 상태에 맞게 걸으리라. 이제는 운동화가 내겐 제격이다. 즐거운 외출을 위해 운동화 끈을 질끈 동여맨다.

놋쇠 화로

 내겐 아주 각별하고 소중한 놋쇠 화로가 하나 있다. 친정아버지께서 생전에 쓰시다 내게 주신 것이다. 내게 온 지도 20년 가까우니 세월의 때도 더 깊어졌다.
 놋쇠 화로는 원통형의 부드럽고 편안한 모습이다. 양쪽 손잡이는 정교한 사자머리 장식을 넣어 자칫 밋밋해 보일 수 있는 외형을 돋보이게 했다. 화로 앞면에는 은으로 상감을 넣은 보름달과 매화나무 한 그루가 있다. 한껏 풍만해진 만월은 교교한 달빛을 내뿜고, 그 달빛 아래 만발한 매화 서너 송이가 은빛 미소를 흘린다. 매화나무 아래로 몇 그루의 대나무와 몸통 뒷면에는 시구詩句인 한자가 음각되어 있다.
 몇 년 전 작은 고가구를 사서 집으로 배달시킨 적이 있었다. 배달왔

던 아저씨는 우리 집 거실에 놓인 화로를 얼른 집어 들고 이리저리 살펴보더니,

"아주머니, 이 놋쇠 화로를 제게 파시면 안 될까요?"

놋쇠 화로에 담긴 사연을 알 리 없는 그 상인은 후한 값을 쳐서 드릴 테니 팔라고 졸랐다. 나는 안 판다며 손사래를 치자, 맘 변하면 꼭 연락을 달라고 명함까지 놓고 갔다.

이 놋쇠 화로는 아버지의 손때가 묻은 내게는 유일한 유품이다. 돌아가시기 두 해 전, 병환이 깊어져 평생을 바쳐 환자를 돌보던 의원을 폐업하였다. 60년 넘게 사신 정든 곳을 떠나 서울 아들 집으로 오시던 날, 나는 새벽 기차를 타고 친정으로 내려갔다. 평소 쓰시던 약장이며 가구들을 친지에게 보내고 단출해진 짐들을 트럭에 싣고 있었다.

60여 년 동안 정든 삶의 터전을 떠나시는 아버지의 표정은 오히려 덤덤했다. 당신의 현실을 순순히 받아들이시는 체념이셨던가. 하지만 꾹 다문 입은 자식들에게 약한 모습을 보이시지 않으려는 듯했다.

나는 아버지의 마음을 헤아리며 울컥울컥 속울음을 삼켰다. 당신의 의술을 펼치시며 청춘을 바치신 곳, 올망졸망한 자식들을 낳고 키우시며 가정을 일구신 곳, 사랑하는 아내를 이 땅에 먼저 묻고 당신이 묻힐 가묘를 만들어 놓은 곳, 평생 떠날 것 같지 않던 이곳을 아버지는 잠시 떠나신다고 생각하시는 걸까.

이삿짐을 거의 다 싣자 아버지의 표정이 언뜻 흔들리는 것 같았다. 그때 놋쇠 화로를 마지막으로 차에 싣고 있었다. 나는 아버지께 놋쇠

화로 하나를 달라고 했다. 아버지는 두 개의 놋쇠 화로 중 하나를 손으로 가리키시며 "저걸 가져라" 하셨다. 그렇게 아버지의 흔적이 배인 놋쇠 화로가 내게 온 것이다.

서울로 오신 후, 이따금 셋째 딸인 우리 집으로 오셔서 쉬시기를 좋아하셨다. 내가 음식을 해드리면 아주 달게 드셨다. 외손자를 무릎에 앉히고 이런저런 얘기를 나누시길 즐거워하셨다.

"아이들 잘 키워라" "아주 영특하구나!" 하시던 아버지의 음성은 늘 내 귓가에 맴돌아 아이들의 교육에 더 정성을 드리기도 했다.

그러다가 나는 남편 직장을 따라 대전으로 이사를 하게 되었다. 서울에서처럼 아버지를 자주 뵐 수 없었다. 그렇게 이 년이 흐르고, 어느 날 급보를 받게 되었다. 아버지가 위중하시다는 전갈이었다.

병원에 입원하신 아버지는 산소 호흡기 입에 달고 말씀조차 하실 수 없었다. 힘없는 눈빛만 애틋했다. 학교 보낼 아이들의 시중과 직장 출근을 하는 남편 뒷바라지에 나는 고작 몇 시간 아버지 병상을 지키다가 서둘러 밤 기차로 대전으로 내려오곤 했다. 아버지 옆에서 밤 한 번 새워드리지 못한 채로.

아버지의 부음을 접하고 나서야 나는 불효를 뉘우치며 쓰린 가슴을 매만져야 했다. 따뜻한 간호도 제대로 못해 드리고 임종도 지키지 못한 채 아버지와 이별을 했다. 불효했다는 마음이 종종 내 가슴을 답답하게 조여 왔다.

아버지가 세상을 떠나신 지도 십수 년, 놋쇠 화로는 서서히 망각한 아버지를 생각나게 한다. 아버지는 대를 이어 집안의 가업을 이어받은 한의사였다. 부모님을 일찍 여위고 한 분 계신 형님은 동생에게 무척 인색했단다. 그때는 턱없이 부족한 의사들을 충원하기 위한 국가시책으로 기존 한의사 자격이 있는 사람이 대학에서 일정 기간 공부를 해서 국가고시에 패스하면 양의 자격도 주어 무의촌에 파견되기도 했단다. 가난한 젊은 한의사인 아버지는 양의 공부를 시작하셨다. 지금의 유명 대학인 S 전문에서 의학 공부를 하고 국가고시에 패스해서 양의 자격도 취득하셨다. 오지나 다름없는 농촌에서 아버지는 공의로서 주민들의 건강을 돌보시고 보건소장을 지내시기도 하셨다.

내게 있는 놋쇠 화로는 아버지의 진료실에 놓였던 화로 가운데 하나다. 햇살에 스미는 온돌방 한가운데는 놋쇠 화로가 놓여 있었다. 아버지는 긴 장죽으로 화로에서 담뱃불을 붙이기도 하시고 찻물도 끓이셨다. 주전자에서 품어내는 뜨거운 김과 한약 냄새와 먹물 냄새는 특이한 향수로 온 방에 퍼졌다. 아버지는 놋쇠 화로 곁에서 환자들을 진료하시고 난도 치시고 붓글씨도 쓰셨다. 한약을 짓거나 진료를 하러 온 환자들도 놋쇠 화로 곁에서 언 몸을 녹였다.

먼 옛날, 불씨를 목숨만큼 소중하게 지켜냈던 여인네들의 정성처럼 아버지는 환자를 대하셨다. 어려운 주민들의 사정을 몰라라 하지 않고 도와주셨고, 그들의 건강도 챙겨주셨다. 인근 마을에 급한 환자라도 생기면 산길을 돌아 밤에도 왕진을 가시곤 했다. 그래서인지 사람들은 동네 일이나 가정사에 어려운 문제들도 '최 선생님' '최 선생님' 하며 아버지께 상담도 했다.

　잦은 왕진은 에피소드도 많았다. 그날도 아버지는 밤을 새워 환자를 진료하고 어두운 산길을 돌아 집으로 오시는 길이었단다. 아무리 걸어도 그 길이 그 길이었다. 한동안 산속을 헤매다 새벽을 맞았고 엉뚱하게도 낯선 강가에 와 있는 당신을 보고 놀라셨던 이야기, 일명 도깨비에 홀린 사건이었다. 한 번 입을 여시면 달변가이신 아버지의 무용담을 귀동냥으로 듣는 것이 아주 신비하고 재미있었다. 그래서인지 나는 가끔 진료실로 가만히 들어가 아버지 등 뒤에 앉아 있다가 잠이 들기도 했다.

　어린 시절 내가 느끼던 아버지는 놋쇠처럼 단단하고 위엄 있는 모습이었다. 그래서 아버지가 좋으면서도 어리광 한 번 한 기억이 없다. 엄하신 아버지는 늘 하늘 같은 존재였다. 평소 손에 매 한 번 들지 않으시고 우리 형제를 타이르시던 아버지, 하지만 2대 독자 귀한 막내아들이 일부러 유리창을 깨트리며 버릇없이 굴자 무섭게 회초리를 드시던 아버지의 모습은 의외였다. 지금 생각하면 귀한 자식 잘못될까 사랑의 매를 치신 것이다.

　놋쇠 화로를 닦아 놓으니 빛이 난다. 평소 아버지가 붓으로 즐겨 치시던 대나무와 보름달, 은빛 매화도 선명하다. 하지만 속이 텅 빈 화로를 보고 있자니 마음이 쓸쓸해진다. 그때 어디선가 은은한 매화 향기가 포근하게 나를 감싸는 느낌을 받는다.

보퉁이

　우리 집 대문 앞에 택시가 서자 나는 급히 내려 유치원생 큰아들과 두 살배기 작은 녀석을 안아 내렸다. 집 대문을 열어 아이들 먼저 마당으로 들여보냈다. 그리고 차 트렁크에 실린 쌀자루와 음식 보따리를 내려주고 있는 택시 기사 옆으로 갔다. 시골에 있는 시댁을 다녀오면서 실어온 짐이었다. 택시요금을 주고 뒷자리에 있는 옷 보퉁이를 꺼내려 문으로 다가가는 순간, 바로 그때였다. 택시가 '붕' 하고 떠나버렸다. 나는 소리를 지르고 손짓을 하며 쫓아갔다. 택시 속도를 따라잡지 못하고 거친 숨만 헐떡였다. 다리가 후들거려 털썩 주저앉았다. 그 보퉁이 안에는 가을 내내 정성 들여 짠 작은아이의 털옷 한 벌도 들어있었다.
　뜨개질을 배우기 시작한 건 그해 겨울이었다. 옆방에 사는 영호 엄마 뜨개질 솜씨를 전수받으며 서투른 손놀림을 시작한 것이다. 처음 해보는 뜨개질은 어깨에 잔뜩 힘을 주어서 뒷목은 뻣뻣하고 팔도 아팠다. 첫 작품은 인디언 핑크색의 큰아이 스웨터였다. 통통한 볼, 하얀 얼굴에 핑크빛이 아주 잘 어울렸다.

올해는 여름 더위가 끝나자마자 서둘러 작은아이에게 입힐 털옷을 짜기 시작했다. 동대문 털실 가게를 두루 다니며 골라온 코발트 빛 털실로 한 바늘 두 바늘 엮어 옷을 짜는 내내 행복했다. 사이즈가 맞을지, 작은아들 몸에 맞추어 보고 얼굴에 색깔을 대어보길 반복했다. 그렇게 초보 솜씨로 털옷 한 벌을 어렵게 완성했다.

내 어린 시절, 색동저고리가 입고 싶어서 설날을 손꼽아 기다렸다. 바느질하시는 어머니 옆에서 졸린 눈을 비비던 추억이 있다. 두 아이도 엄마의 뜨개질에 관심이 높았다. 자기 옷을 만들어 준다는 기대감이 있었을 텐데.

시댁 시제사에 가려고 집을 나서던 날, 늦가을 날씨치곤 제법 쌀쌀해서, 작은아이에게 새로 짠 털옷을 처음으로 입혔다. 새 옷을 입은 아이는 손뼉을 치며 좋아했다. 한 아이는 포대기를 둘러 등에 업고, 큰아이는 내 손에 잡고, 아이들 옷 보퉁이도 들고 쉽지 않은 행보를 시작했다. 아이들은 모처럼 외출이 즐거운지 건물 간판 글자도 읽어보고 "엄마, 저건 뭐야"라며 묻는 것도 많았다.

재잘대는 아이들과 고속버스에 올라 가을이 흠뻑 묻어나는 고속도로를 달렸다. 금세 잠이든 아이들의 고개를 받쳐주고 나도 잠시 눈을 감았다. 버스의 흔들림에 눈을 뜨니 벌써 도착지인 경기도 여주다. 아이들

음료수 하나씩 사 먹이고 오줌도 누이고, 다시 시댁 마을로 가는 시골 버스로 갈아탔다.

시댁에 들어서니 한낮이 지난 저녁 무렵이었다. 종갓집인 시댁은 주위가 같은 성씨의 집성촌集成村이었다. 친척 아주머니들은 시어머니에게 "형님, 이건 어떻게 할까요?" 연신 물어보고 시어머니는 지휘자처럼 손짓하시며 명령을 내리셨다. 서울서 온 손자를 보시자 피곤한 허리를 죽 펴시고 함박웃음을 지으셨다 시어머니의 웃음도 가을볕에 한껏 익어 보였다.

200년 넘는 고택은 무언의 위엄을 드러냈다. 특이한 것은 집안에 사당이 모셔져 있었다. 제사상을 차리는 친척 어른들의 조심스러운 손놀림엔 정성이 가득했다. 아직 어린 두 아들 녀석도 사촌 형들을 쫄래쫄래 따라다니며 어른들을 따라 절을 올리는 시늉을 했다.

시제를 치르고 서울 집으로 올라오던 날, 시어머니는 쌀 한 가마를 둘로 나누고 시제를 지낸 떡이며 음식을 한 보따리 싸셨다. 어린애가 둘이나 딸렸는데 짐 보따리를 더 채우질 못해 안달하셨다. 그리고 읍에 나가는 진척 아서씨께 고속버스 정류장에 쌀 짐을 내려주라고 부탁을 하시며 버스에 짐을 실어주셨다. 두 아이와 짐 보따리가 신경 쓰여 나는 등에 업힐 아이에겐 조금 가벼운 옷을 입히고 새 털옷은 보퉁이에 쌌다.

고속버스정류소에 쌀자루와 보따리를 내려놓고 한숨이 나왔다. 은근히 걱정되었지만 그저 믿는 것은 내 배짱뿐이었다. 나는 큰아이에게,

"엄마 서울 가는 버스표 끊어서 금방 올게" "이 짐 잘 지키고 있어" 하

고 잠시 뒤에 와보니 큰아이는 두 팔을 잔뜩 벌려 고사리 같은 손가락으로 쌀자루를 움켜쥐고 있는 게 아닌가. 아들의 코믹한 모습에 나는 한바탕 웃음을 지었고, 엄마가 왜 웃는지도 모르는 큰아이의 머리를 쓰다듬어 주었다.

버스가 오길 기다리는데 모녀로 보이는 두 사람이 내 시선을 끌었다. 늙은 부인은 품속에 아기를 안고 한 손에는 작은 보퉁이를 들었다. 딸을 배웅하러 오셨나 본데, 빈손으로 서 있는 딸에게 연신 조심해가라며 걱정스러운 표정을 지었다. 나는 잔뜩 쌓인 내 짐과 두 아이를 바라보며 잠시 쓸쓸함이 밀려왔다.

내 짐 보따리를 고속버스 기사가 짐칸에 넣는 걸 확인하고 서울 오는 버스에 올랐다. 서울 마장동 버스정류소에 도착하자 짐꾼들이 리어카를 끌고 서로 짐을 실으려 실랑이를 벌였다. 나는 적당히 흥정하고 택시에 짐을 싣고 집까지 왔다. 직장 때문에 함께 가지 못한 남편은 아이들이나 잘 챙기지 위험하게 짐까지 들고 오냐며 야단을 치지만 나는 콧방귀만 끼었다. 시어머니는 어떻게 두 아이하고 가져가라고 그 무거운 짐 보따리를 실어주셨는지. 아무리 버스와 택시에 실어서 옮겨 온다지만 나는 한 번도 거절 없이 그 무거운 걸 떠안고 왔는지. 참 궁합이 잘도 맞았다.

첫아이를 낳기 전 무리하게 집을 장만했다. 융자금에 육아비용 유치원비는 월급쟁이 아내로서 버거운 살림살이를 해야 했다. 그렇게 억척을 부리던 과정에 그만 스웨터 보퉁이도 잃어버리게 된 것이다. 돌이켜 생각하면 그 집 보따리와 옷 보퉁이에는 시어머니의 사랑도 들어있고 어려운 살림 일구려 용감한 척, 힘센 척 살아온 가정주부로서의 내 이력도 담겨있다.

지금처럼 자가용이 대중화되고 가방이나 트렁크가 보편화 되지 않았던 70년대, 유일하게 보자기는 짐을 싸던 수단이었다. 시골 아이들의 책보자기, 아낙네의 짐 보따리도 대부분 보자기를 이용했다. 옷가지 등은 작은 보퉁이로 콩이며 깨, 떡이나 밑반찬 등 올망졸망한 덩어리들이 모여 큰 보따리가 되었다.

그때는 아주머니의 머리 위에는 늘 똬리도 함께 보따리가 얹혀 있곤 했다. 농사 지은 곡식을 머리에 이고 서울 사는 자식 집에 나눠 주러 가는 모양인데, 그 많던 보따리에는 서민들의 애환과 갖가지 사연들도 가득 담겨있을 것이다.

나의 삶의 큰 보따리를 풀면 시절 시절의 작은 보퉁이가 올망졸망할 것이다. 희로애락의 색깔별로 포도 알맹이처럼 다닥다닥 붙어있을 시간의 보퉁이들이다.

내 며느리에게 보내 줄 반찬들을 주섬주섬 싸며, 무엇 한 가지라도 더 싸 보내지 못해 애쓰시던 나의 시어머님을 떠올려본다. 택시에 두고 내린 코발트색 털옷 한 벌도 생각난다. 그땐 참 속상했는데. 행여나 택시 기사가 돌려주러 오진 않을까 대문 밖을 내다본 것이 몇 번이었던가. 희망이 불발로 끝나자 이왕이면 불쌍한 아이가 추운 겨울을 따뜻하게 입어주길 빌었다. 종갓집 종부宗婦라는 무거운 책임을 안고 사신 생전의 시어머님, 가정주부로 살림 야무지게 하며 부지런함을 떨던 젊은 날의 내 모습들. 아이들을 키우며 행복했던 보람의 시간들이 흔적도 없는 시간의 보퉁이에 쌓여있다.

 돌아올 수 없는 것은 늘 아련한 그리움으로 남는데, 이젠, 내게 남은 시간의 보퉁이엔 무얼 퍼 담을까.

하얀 병실에서 일주일

　직사각형 하얀 벽의 병실은 창문이 넓다. 지금 내겐 저 창문을 통한 제한된 공간만을 볼 수 있다. 침대에 꼼짝없이 누워 바싹 말라 버석거리는 입술을 지그시 깨물고 창밖을 내다본다.

　새해를 맞은 지 엊그제, 창밖에는 함박눈이 내린다. 어쩜 저렇게 쉬지도 않고 눈이 내릴 수 있는 걸까. 마치 하늘에서 땅을 향해 번지점프라도 하듯 내리꽂힌다. 서울에는 100년 만에 내린 폭설이라던데, 도시는 하얀 동맥경화라도 걸린 듯이 마비되었고 나는 병실에 갇혀있다.

　저 하얀 눈길을 걸어보고 싶다는 생각이 든다. 며칠 전에는 맘만 먹으면 실행할 일도 지금은 희망 사항이 되고 말았다. 삶의 언저리에는 늘 자욱한 안개 같아서 앞을 볼 수 없는 내일이 있다는 것도, 이렇게 병원에 누워있어 보니 실감난다.

　수술 날짜가 자꾸 미루어졌다. 내가 감기에 걸려서 미루어졌고 수술 담당 박사가 해외 세미나 일정이 잡혀서 또 뒤로 미루어졌다. 그리고 다시 잡힌 날짜가 새해를 이틀 앞둔 연말이었다. 입원했다. 2인실 작은 병실에는 이미 내 아들 또래 여대생 누워있었다. 그녀의 어머니는 묻지도 않는 말을 내게 한다.

　"글쎄 해외 유학 중인데 방학이라 집에 왔어요. 그런데 엊그제 갑자기 배가 너무 아파서 응급실로 왔잖아요." "혹시 맹장인가 싶어서" "그런데 뱃속에서 뭔가가 꼬였대요."

　그녀의 어머니는 처녀가 산부인과에 온 것이 딸이 아픈 것보다 사뭇 신경이 쓰이는 눈치다. 그날 여대생은 수술실로 향했고 다섯 시간 정도 후 다시 병실로 돌아왔다. 나는 그녀 어머니에게 딸의 수술이 무사히 끝나서 다행이라며 위로의 말을 해주었다. 내일 아침이면 나도 수술을 해야 할 터인데 그녀의 신음은 밤새 끊이질 않았다.

　깊은 잠을 못 이루고 있는데 밤에 병원 사목 신부님이 오셔서 기도를 해주셨다.

　"수술받을 환자 얼굴이 너무 편안해요." "수술 잘 될 것 같아요."

　신부님의 기도와 말씀 한마디, 꼭 필요할 때 적절한 타이밍을 맞춘 누군가의 위로의 한마디가 얼마나 힘이 되던지.

　아침에 수술실로 실려 갔다. 수술실 문밖에서 염려하며 지켜보는 가족들 얼굴에 나는 눈을 맞추었다. 그때 왜 지난 삶이 그리 후회스럽지 않다는 생각이 스쳤는지.

수술실 입구에는 각 과에서 수술받을 환자들의 침대가 일렬로 줄지어있었다. 내 옆 침대에는 초등학교 오 학년 정도의 소년이 있었다. 저 어린 것이 어디가 안 좋아 수술을 할까? 나는 얼굴을 돌려 그 아이를 쳐다보았다. 그때 간호사가 그의 옆으로 다가왔다.

"틀니나 반지 이런 거 낀 것 없죠?"

수술 환자들에게 의례적인 절차로 묻는 확인 작업인데 그 소년은

"나를 보세요. 그런 거 있게 생겼나?" 했다.

당돌한 소년의 말에 간호사는 머쓱해져 옆에 있는 내게 와서도 똑같은 질문을 하곤 자리를 떴다. 살아가는데 유머는 얼마나 필요한 요소인지. 그 긴장된 순간에도 웃음을 웃게 하다니.

수술실로 옮겨졌다. 딸깍거리는 기계 소리, 간호사들의 분주한 움직임에 나는 누워있는 석고상이 된 듯 굳어있었다. 남편에게 수술 동의서를 받을 때 의사는 수술하는 순간에는 내 심장이 기능을 못하고 기계가 대신해줄 거라며 여러 가지 올 수 있는 상황을 설명했다.

나는 짙은 안개에 쌓인 것처럼 아무것도 알 수 없으리라. 오래전, 비 오는 날 올랐던 설악산 금강굴에서 온 숲을 하얗게 점령한 안개처럼 신비하기도 두렵기도 했던 안개, 그 안개처럼 마취약은 나를 하얗게 비울 것이다.

안개가 서서히 걷히듯 마취가 조금씩 풀리는 게 느껴졌다. 그때 설악산 연둣빛 나뭇잎들이 가지를 쏙 비집고 나왔듯이 나는 소생하는 숨

을 쉬기 시작했다. 상처 난 틈으로 솟아오른 새싹처럼 나는 고통을 즐기고 있었다. 마취에서 깨어나 이제 살았다는 안도감에 조금 아픈 것은 오히려 안심을 주었다. 의사의 말에 의하면 수술이 아주 잘 되었단다.

2인실 입원실은 밖으로 통하는 작은 창문이 그나마 커튼으로 가려져 있고 '윙' 하는 보일러 모터 돌아가는 소리가 귀에 거슬렸다. 나는 병실을 옮기기로 했다. 6인실은 큰 창문으로 축복처럼 햇볕이 내리쬔다. 저 경이로운 햇볕이 나를 따스하게 품으며 위로해주고 있다.

지금 나의 팔에는 링거주사와 정강이쯤 매달린 오줌주머니와 조여오는 통증이 사슬처럼 내 몸을 엮고 있지만 나는 애써 설악산의 옥색 계곡물과 빗물을 머금은 싱그러운 숲속 냄새와 바위틈에 핀 야생화를 떠올린다.

살아가면서 때론 폭설과 짙은 안개 같은 병마가 비집고 들어오기도 한다. 젊었거나 늙었거나 차별도 두지 않고 반갑지 않은 손님이다. 그 손님을 살살 구슬려 돌려보내고 나면 생명의 존귀함과 존재의 소중함을 더욱 느끼게 된다. 내 주위에 사랑하는 가족이 있다는 것도 고맙다. 나는 늦게 철이든 어른처럼 제법 철학적인 고뇌를 해보곤 한다.

'뜨르륵' 진동으로 해 놓은 전화기가 신호를 보낸다. 어제 종일 내 병상을 지키던 큰아들이다.

"어머니, 어젯밤 꿈에 어머니가 큰 보따리를 들고 눈길을 힘겹게 걸어가시는 꿈을 꾸었어요. 걱정이 되었어요."

짧은 겨울 햇빛 맞으러 나는 창가로 다가갔다. 온 천지를 하얗게 덮은 눈이 이제 서서히 녹아내리고 있다. 나도 이틀 후면 퇴원해서 집으로 간다.

짜릿한 스릴을 낚다

경기도를 벗어나 승용차는 강원도 홍천으로 들어섰다. 이제 막 떠오르는 아침 해는 동쪽 하늘을 발갛게 물들였다. 빨간 태양 빛은 차창 안으로 홍수처럼 밀려든다. 산등성이에 하얀 새벽안개도 붉게 피어오른다.

산새는 점점 깊어가고 초록빛은 진해진다. 강원도 인제로 접어들자 내리천의 물줄기가 시원하게 흐른다. 강물의 흐름이 다양해서 래프팅 코스로는 최적지라는 곳이다. 스릴이 넘친다는 래프팅은 그 옛날 뗏목을 실어 나르던 것에서 착안했다는 스포츠다. 우리 일행은 피서 첫날, 첫 번째로 래프팅을 해보기로 한 것이다.

아침 식사를 끝낸 뒤 미니버스를 타고 강의 상류로 한참을 올라갔다.

차창밖엔 강줄기를 따라 래프팅을 하는 팀들이 보인다. 멀리서 보는 강물은 그다지 깊어 보이지도, 물살이 급해 보이지도 않는다. 하지만 보는 것과 체험해보는 것의 차이를 알기까지는 그리 오래 걸리지 않았다.

우리는 안전모와 구명조끼를 착용하고, 무거운 보트를 들고 강가로 내려갔다. 하나, 둘, 초등학교 때 해본 국민체조 같은 준비운동을 하고 물속으로 풍덩 뛰어들었다. 날씨가 흐려서인지 여름 강물답지 않게 서늘하고 차갑게 몸으로 감겨왔다.

래프팅 강사는 군대의 엄한 교관 같았다. 대체로 나이 먹어 뵈는 우리 일행을 탐색하는 듯 쳐다봤다.

나는 속으로, 우리를 얕보지 마라. 하루도 거르지 않고 헬스장에서 땀 흘리며 운동하는 남동생, 나 또한 운동은 꾸준히 해서 체력은 그리 빠지진 않을 거라고.

"저기 두 아저씨, 보트 앞머리에 앉으세요."

"앞 사람의 역할이 중요합니다." "힘껏 노를 저어주셔야 합니다."

"그리고, 아주머니와 저분은 맨 뒤로 오세요."

"여기 두 분은 가운데로 앉으시고요."

알고 보니, 강사는 힘의 균형을 맞추느라 그랬다. 힘의 균형, 그건 중요하다.

강사의 설명은 한참 계속되었다. 보트를 탈 때의 행동, 노를 젓는 방법, 만약의 사고에 대비해서 급류에 떠내려가게 될 때 바위에 몸이 부딪치지 않게 고개와 발을 들고 물살을 타라는 것, 배가 뒤집혔을 때는 얼른 배 밑에서 나와야 한다는 것 등이었다.

　우리는 운명의 공동체가 되어 이제 한배에 탄 것이다. 미끄러운 보트 가장자리에 엉덩이를 걸치고 밑바닥 고리에 발목을 걸었다. 그리고 몇 번인가 계속해서 노 젓는 연습을 반복했다. 몸을 구십도 간격으로 뒤로 젖히며 앞으로, 뒤로, 일사불란하게 노를 저어야 했다. 한 사람이라도 노의 방향이 틀리거나 하면 배가 뒤집힌다는 것이었다. 물속으로 빠질 것 같은 불안한 자세에서 노를 저으라니. 짜릿함을 즐기자고 조금 모험을 하려는데 이건 상상 이상으로 거친 운동 같았다. 나는 은근히 겁이 나서 갈등이 일기도 시작했다.

　"자! 이제 시작입니다."

　강사의 한마디와 함께 보트는 미끄러지듯 강물을 타기 시작했다. 한동안 잔잔한 물줄기를 타고 하류로 내려가니 퍽 재미있었다. 그런데 갑자기 노 저을 준비하라는 말에 퍼뜩 정신이 들었다.

　"하나, 둘" "하나, 둘" "뒤로, 앞으로",

　강사의 구령에 맞추어 노를 저어가자 물살이 급해지는 것이 느껴졌다. 정신이 하나도 없다. 노를 저으랴, 옆 사람과 호흡을 맞추랴, 강사의 지시에 따르랴, 물은 온몸으로 총알처럼 튀어들었다. 그동안 구름에 가렸던 햇볕이 따갑게 내리쬐어 얼굴이 익는지 화끈화끈했다. 한고비 넘긴 것 같은데 방금 경험한 급류는 맛보기 정도란다.

　다시 잔잔한 물결로 들어섰다.

　"뒤에 아줌마 왜 자꾸 틀리는 거예요."

"그리고 노를 좀 힘껏 저으세요." "힘껏!"

강사의 엄한 눈빛과 꾸지람이 여동생에게 화살처럼 꽂힌다. 컨디션이 좋지 않다며, 안 타겠다는 여동생을 괜찮다고 부추겨서 태운 건 나였다.

"순아, 노를 이렇게 해봐. 자, 이렇게." 그때,

"아줌마! 아줌마 자세도 별로 안 좋아요."

나는 머쓱해졌다. 젊은 총각한테 야단을 맞아도 꼼짝 못하고 그저 처분만 바라고 있는 형편이 되었다.

이젠 강물 중간에 와 있다. 포기할 수도, 오도 가도 못 한다. 전진만 있을 뿐이다. 다시 강물을 탄다. 물살은 휘휘 돌아 보트를 뒤집어엎을 듯 빠르게 흐른다. 긴장해서인지 식은땀이 나고 어깨에는 잔뜩 힘이 들어간다. 앞으로 꺼꾸러질 것 같은 몸을 애써 균형을 잡아본다. 살아오면서 넘어지지 않으려 마음의 균형을 추스르곤 했는데 지금은 마음보다 몸이다.

보트가 기우뚱거린다. 이건 물살이 급하게 다가온다는 신호다. 이제야 나는 조금씩 감이 잡히는 것 같다. 아니나 다를까, 급류를 탄다. 강사의 목소리가 다급해지고 악을 쓰듯 지시를 한다. 출렁, 붕 뜨는가 싶더니 큰 바위에 살짝 부딪히며 아슬아슬하게 급류를 빠져나온다. 조금 전 나도 모르게 바위에 스쳤는지 팔꿈치가 얼얼하다.

저 앞에 젊은이들 탄 보트가 뒤집혀 떠내려가는 사람이 보인다. 두 사람의 강사가 떠내려가는 아가씨를 구조하러 부지런히 헤엄치고 있다. 저들도 짜릿한 스포츠를 즐기러 왔겠지! 서로 호흡을 잘 맞추어야지. 누구 하나 일사불란하게 움직이지 못하면 균형은 깨지는 것인데.

우리 형제는 모처럼 시간을 맞추어 피서를 온 것이다. 서울 한 지붕 아래 살지만 서로 바쁘다는 핑계로 모두 만나기가 어려웠다. 어릴 적 부모님 밑에서 올망졸망 자라며 가정이란 한배를 탔던 우리 형제들. 한때는 돌아가신 부모님과 큰 언니도 함께 탔던 배. 이제 우리 사 남매가 남아 한배를 타고 있다. 세상의 험한 물살에서도 서로 힘이 되고 위안이 되어주자며 힘껏 노를 젓고 있다.

최근에 영화 〈버킷 리스트〉를 보았다. 시한부 인생을 사는 두 주인공은 죽음을 눈앞에 두고 해보고 싶은 목록을 작성한다. 억만장자 에드워드는 돈 버는 일에만 평생을 바쳤다. 그가 선택한 일 중에는 〈스카이다이빙〉이 포함되어 있다. 스릴 넘치는 스카이다이빙, 살아가면서 스포츠란 무얼까 생각하게 한다.

앞으로 내가 해볼 수 있는 것들은 몇 가지나 되는지. 나이를 더 먹을수록 그 숫자도 줄어 갈 것이다. 가능한 삶을 만끽하며 살고 싶은데. 유유히 흘러가는 물살을 쳐다보며 이런저런 생각들이 스치던 그때, 누군가

"이다음에는 번지점프 해보자."라는 목소리가 들렸다. 와! 누군가 "번지점프 정말 멋있겠는 걸"라고도 한다.

그 이야기를 듣자니 스릴감이 먼저 다가왔다. 하지만 심장이 오그라드는 공포는 맛보고 싶지 않다. 오늘 즐긴 래프팅 정도라면 모를까. 새로운 걸 도전해 보는 스포츠의 묘미는 매력적이지만 욕심은 금물 아닐까.

시어머니의 놋그릇

며칠 전부터 닦으려던 놋그릇 하나를 장식장 위에서 내려놓는다. 오랫동안 쓰지 않고 보관해놔서 놋그릇에는 때가 끼었다. 빛은 어둡고 노인 얼굴에 핀 검버섯처럼 푸르스름한 반점마저 생겼다.

수세미를 들고 닦는다. 나의 손놀림은 빨라지고 이리저리 궁굴린다. 비누 거품에 섞인 검은 땟물 속에서 노르스름한 얼굴을 드러낸다. 방금 세수를 마친 놋 주발에서 빛이 난다. 주발 속은 깊고 넉넉하며 봉긋한 뚜껑은 부드러운 곡선을 지녔다. 치자 빛 생모시 한복이 잘 어울리던 단아한 시어머니 모습이 떠오른다.

어느 해인가, 시댁에서 시제를 지내고 그릇을 정리할 때다. 나무 궤에는 쓰지 않고 쌓여있는 놋그릇이 가득했다. 나는 문득 옛 친구라도 만난 듯 반가웠다. 차곡차곡 포개져 있는 놋그릇들이 지난 세월의 사연을 대변해주는 듯했다. 나는 놋그릇 몇 개를 달라고 했다. 시어머니는 "그걸 가져다 무엇에 쓰려느냐?" 하시며 골라보라 하셨다. 그중에서 펑퍼짐한 합, 둥근 밥주발과 대접, 작은 술잔 몇 개, 그리고 뚜껑 달린 앙증맞은 종지를 골랐다.

놋그릇을 가방에 담고 있는데, 그 옆에서 지켜보시던 시어머니는 예전 이야기를 하셨다. 시어머니가 아직 젊었을 때, 추석 명절이나 제사를 앞두고 하루 날을 잡아 놋그릇을 닦았단다. 볕 좋은 안마당에 멍석을 깔고 놋그릇을 가득 꺼내다 놓았다. 문중 아주머니들과 행랑채 식구들도 모두 모였다. 빙 둘러앉아 곱게 빻은 기왓가루를 지푸라기에 묻혀 쓱쓱 문질렀다. 노란빛이 감돌면 더 힘껏 힘을 주어 닦았다. 번지르르 윤이 나면서 귀티 나는 놋그릇으로 변했다. 손으로는 그릇을 닦으며 입으로는 정겨운 이야기들로 시끌벅적했단다. 이렇게 준비한 놋그릇에 정성껏 차린 음식을 담아, 조상님께 차례를 지냈다. 그때를 회상하시는지 시어머니의 얼굴에 언뜻 잔잔한 미소가 스쳤다.

내가 결혼식을 끝내고 처음 시댁에 갔을 때였다. 종갓집 막내며느리를 보러 친척 아주머니 몇 분이 오셨다. 시어머니는 당신의 며느리인 내게 인사를 시키시고 나서 서둘러 밥상을 차리셨다. 5월의 신부만큼이나 고운 황금빛 놋그릇 속에는 산나물 향기가 가득했다. 이제 그 그릇의 일부를 막내며느리인 내가 간직하게 된 것이다.

시어머니의 놋그릇들이 지금까지 어떻게 남겨져 왔는지. 우리 역사의 불행한 시기를 사신 시어머니처럼 놋그릇도 수난을 겪었다. 일제 강점기, 일본은 힘겨운 전쟁을 하면서 공출이란 명목으로 집에서 쓰던 놋그릇을 거의 몰수해갔다. 그나마 용케 숨겨 놓은 놋쇠 기물과 마루 밑에 아무렇게나 굴러다니던 놋그릇이 지금 남아있는 것이라고 했다. 해방되고 광복 이후, 토지개혁으로 없어진 땅, 화재로 100년 넘은 고택의 사랑채가 불타버리는 바람에 소실된 서책, 서화, 골동품들. 하지만 "어디 인명피해만 하겠느냐"는 시어머니의 말씀 속에서 한국 역사의 수난사가 그대로 담겨있다.

한 가문의 종갓집 종부로서의 시어머니의 역할은 무거웠으리라. 역사의 질곡을 견뎌내며 지켜온 가문. 나는 위엄 있고 무뚝뚝해 뵈는 시어머니가 늘 어렵기만 했는데, 시어머니의 표정에는 그런 삶들이 녹아든 건 아닌지. 하지만 남에게 베푸는 마음은 너그러우셔서 지나는 길손에게도 음식을 대접하던 정 많던 분이셨다.

내가 첫 아이를 출산했을 때, 친정어머니도 안 계시니 걱정이 크셨나 보다. 그때는 시어머니 건강도 좋지 않으셨는데, 산모에게 좋다는 늙은 호박을 싸 들고 먼 길을 달려오셨다. 그리고 손자가 크는 걸 대견해 하셨다.

열네 살 어린 나이에 종갓집으로 시집을 오신 나의 시어머니. 70년 세월을 터줏대감처럼 그 한 곳에서 살다 가셨다. 시부모 섬기는 일이며 집안 대소사, 일 년이면 열두 번씩 올리는 제사를 소홀함 없이 지켜내셨다.

종갓집 음식 솜씨는 맛 좋기로 온 동네에 소문이 났다. 특히 누룩을 띄워 맑게 빚은 술은 제주로 일품이었다. 마디가 굵은 시어머니의 손에서는 늘 고소한 참기름 냄새가 떠나지 않았다. 어쩌다 시어머니가 만드시는 음식을 옆에서 거들기라도 할 때면, 나는 긴장되고 주눅 들기 일쑤였다. 시어머니의 불호령이 언제 떨어질지 몰라서다. 그렇게 본보기를 보이는 시어머니의 음식 솜씨를 어깨너머로 배우며, 까다로운 남편 입맛도 맞출 수 있었다.

몇 해 전, 우리 네 식구는 시어머니를 뵈러 시댁을 방문했다. 그때 시어머니는 우리를 기다리며 대문 밖 돌계단에 앉아 계셨다. 돌 틈 사이로 비집고 한창 피어난 색색의 채송화와 시어머니, 순간 시어머니의 모습이 평소와 다르게 쓸쓸해 보였다. 천천히 일어나서 아들과 손자에게 다가가시던 반가운 시선이 내게 머물고, 내 손을 덥석 잡으시는 것이 아닌가. 그때 시어머니의 눈에서는 촉촉한 물기가 어렸다. 그리고 무안하다는 듯 얼른 앞장서서 대문 안으로 발걸음을 옮기셨다. 그 순간 무엇인지 모를 불길함이 스쳤다. 이젠 연로하셔서 마음이 약해지셨을까. 나는 불안한 마음을 애써 다독였다.

그리고 두 달 후, 시어머니는 주무시듯이 세상을 떠나셨다. 임종도 지켜드리지 못한 채로. 그때가 마지막이 될 줄은 몰랐다. 그 후, 나는 시어머니의 그때 표정이 자꾸 떠올려지곤 했다. 어머니는 며느리인 내게 무언가 말하고 싶어 하셨다. 무슨 말씀을 하고 싶으셨을까?

오늘도 놋그릇을 보며 문득 시어머니 생각이 난다. 시어머니가 즐겨 해주시던 약식을 솥에 안친다. 밤, 대추, 잣이 어우러진 갈색의 밥알들이 뽀얀 김을 토해낸다. 아주 차지고 맛있는 약식이 되었다. 잘 닦인 놋대접에 약식을 퍼 담는다. 노란색과 어우러져 한결 먹음직스럽다.

산수유 꽃이 필 때면

봄이다. 벚꽃이 무리 지어 핀 꽃구름 사이로, 산수유나무 한 그루가 기지개를 켜고 있다. 반가운 마음에 가만히 다가간다. 순간, 산수유 꽃들은 작은 입을 벌려 자지러질 듯 샛노란 웃음을 터트린다. 어느새 나는 한의사였던 아버지를 떠올린다.

나의 어린 시절, 집 뒤로 긴 텃밭이 있었다. 그 텃밭 가장자리로 산수유나무가 빙 둘러 심겨 있었는데, 봄에는 소녀의 수줍은 웃음 같은 샛노란 꽃들이 지천이었다. 긴 여름이 가고 가을이 되면, 산수유나무는 성숙한 여인처럼 매혹적인 빨간 열매를 주렁주렁 매달았다.

아버지는 가끔 산수유 길을 따라 산책하곤 하셨는데, 뒷짐을 진 아버지 뒤로 올망졸망 우리 형제들이 따라나섰다. 밭고랑 사이로 큰 발자국과 작은 발자국들이 다복다복 찍혔다.

산수유를 수확하는 날!

아직 어린 나는 손이 닿지 않는 곳은 까치발을 했다. 두 손 가득 빨간 열매를 움켜잡고 힘껏 땄다. 작은 손 가득 빨갰다. 그 고운 빛깔은 나를 유혹한다. 산수유 한 알 입안에 넣고 꼭 깨물어본다. 그 맛이 떫고 신지 뻔히 알면서도, 나는 예쁜 산수유의 유혹에 넘어간 것이다. 얼굴을 찡그려 울상이 되고 나서야 미련을 버리곤 했다.

넓은 안마당에 가득 널려진 산수유는 푸른 하늘빛 아래 유달리 반짝였다. 다른 약재들도 같이 널려있지만, 산수유의 미색은 뛰어났다. 아버지는 산수유가 골고루 마르도록 이리저리 쓰다듬어 주셨다. 뜨거운 가을볕에 산수유는 검붉은 색을 띠며 쪼글쪼글하게 변해갔다. 그 곱던 미색은 온데간데없이 한약재로 다시 태어난 것이다.

아버지 진찰실 천장에는 한약 봉투들이 촘촘히 매달렸는데, 통풍과 건조가 잘되도록 그리했다. 특유의 한약 냄새는 은근한 향내를 뿜어내는 천연 향료였다. 이렇게 한약재들을 정성껏 준비하시면서 아버지는 환자들의 빠른 쾌유를 빌었을 것이다.

어둡고 긴 겨울밤, 밖에는 사륵사륵 흰 눈이 내리고 놋쇠 화로에는 아직 식지 않은 온기로 따스했다. 아버지는 남폿불 심지를 돋우고 방안을 환희 밝히셨다. 그리고 당신이 마련한 약재를 작두에 넣고 썰었다. 한밤중 고요한 적막을 깨우던 '싹둑싹둑' 약 써는 소리, 일정한 리듬의 그 소리가 그리워진다.

아버지 옆에서 나도 해보고 싶다며 약연*에 알갱이 한약을 넣고 갈아보았다. 무릎을 세우고 두 손으로 양쪽 손잡이를 잡고 앞뒤로 반복적으로 밀어주면 약이 갈렸다. 약 갈리는 '덜그럭' 소리는 아주 요란했다. 하지만 나의 호기심은 오래가지 못했다. 쇠가 달린 손잡이는 무거워 힘겨웠다. 이런 내 마음을 아시는지 "그만하렴" 하는 아버지의 나직한 음성이 들려왔다.

시골의 작은 마을에는 가난한 이웃이 많았다. 아버지는 그들에게 의술로 인정을 베푸셨다. 집안 식구 중에 급한 환자가 생기면 '최 선생님' 하며 아버지를 찾아왔다. 밤에도 먼 길을 마다하지 않고 왕진을 나가셨다가, 새벽녘에야 집에 돌아오실 때도 허다했다. 피곤해서 지쳐 보이던 아버지 모습이 어린 나의 눈에도 참 안쓰럽게 느껴지곤 했으니까.

아버지가 환자를 진맥하실 때는 눈을 지그시 감기도 하셨는데, 그 진지한 모습에서 신비감마저 느껴졌다. 진맥이 끝나면 아버지는 환자에게 병에 대한 주의점을 자세히 설명해주고 약을 짓기 시작하셨다. 약장 서랍에서 산수유도 꺼내졌다. 큰 저울 작은 저울을 번갈아 쓰시며 정확한 약의 함량을 달아 하얀 약 포지 위에 내려놓았다. 네모나게 접힌 한약 한 첩마다 붓글씨로 유연하게 써 내려가던 처방전. 한약 냄새와 묵향은 향긋한 하모니를 이루었다.

갑자기 핸드폰이 울렸다. 나는 핸드백을 열고 급히 전화를 받았다. "한의원에 도착했느냐"는 남편의 전화였다. 봄을 타는 것인지, 요즘 들어서 많이 피곤하고 기운도 달렸다. 젊은 한의사는 나의 진맥을 끝낸 뒤, 컴퓨터에 처방을 입력하고 프린터로 뽑아냈다. "약은 내일 찾아가시면 되겠습니다." 젊은 한의사의 말이 왠지 메마르게 들렸다. 집으로 돌아오는 내내 나는 아버지가 진맥하시던 모습이 아른거렸다.

그 이튿날, 나는 한약을 찾아왔다. 기계로 다려 먹기 편하게 비닐 팩에 하나씩 담겨있다. 한약 한 봉을 데워 마셨다. 쓰고, 시고, 단맛들이 어우러졌다.

아버지가 정성스레 지으시던 한약과 달랐다. 어머니가 화로 위에 약탕기를 얹어 부채질하시면 빨간 불꽃이 튀던 모습. 뚜껑 덮은 한지에서 스미던 향긋한 한약 냄새. 나무막대로 베 보자기를 휘어 감고 비틀어 짜면 검게 내려지던 한약. 흰 사발에 담긴 검고 따스한 한약. 현대는 편리함이란 이유로 정성을 잃어버린 것 같다.

산수유나무가 꽃샘추위 속에서 꽃을 피워내고, 뜨거운 여름과 가을 볕을 견디며 약재로 쓰일 인내의 세월을 보냈듯이, 고통받는 환자들과 평생을 같이하신 한의사로서의 아버지의 삶이 떠오른다.

내년에도 어김없이 산수유는 샛노란 꽃망울을 터트릴 것이다. 그러면 나는 산수유 꽃을 매만지며 반가워할 것이다. 향긋한 그리움에 젖어 들 것이다.

*약연: 한약을 가루로 만들 때 쓰였던 쇠로 만든 기구.

맛있는 중독

우리 집은 딸만 넷이었다. 아니, 어릴 때 병으로 죽은 딸까지 치면 다섯이 정확하지. 여섯 번째, 어머니는 어렵사리 막내로 아들 하나를 낳으셨어. 한 뱃속에서 나온 자매들이지만 아롱다롱 색깔은 달랐지.

일찍 철이든 큰언니는, 여느 집 아들 같았어. 동네 사람들은 그 집 큰딸은 애 어른 같다고들 했다니까. 잘생긴 얼굴에 성격도 활달했거든.

나의 아버지, 최 의사네는 항상 동네에 이야깃거리 중심에 있었어. 아픈 사람들이나 보호자들이 드나들며 말을 날랐는데, '새댁이 애를 낳고 나서 배가 너무 아파 리어카에 실려 왔는데, 병원에 와서 애 하나를 더 낳았대.' '쌍둥이였다지.' 시시콜콜한 이야기도 가지를 치면서 흥미 있는 수다거리를 제공하곤 했어. 그 수다거리들은 무료한 동네에 은근한 활력을 넣어주는 것 같았다.

지금처럼 뉴미디어 시대도 아니었고, 오로지 소곤소곤 말로 소식들이 전해지던 때였으니까. 동네 애경사나 비밀스러운 이야기들도, 어찌 보면 더 은밀하고 농도 깊은 언어가 되어 연기처럼 퍼져 나간 거야.

'최 의사 사모님이 아파서 어쩐디야.' '심장병이 뭐여! 아마 그 병이라지.' '셋째 딸을 낳고 삼칠일도 안 되어 1·4후퇴를 겪었잖아. 핏덩이를 솜에 싸서 행여 숨이 막힐까 봐 모로 업고 피난을 다녔대. 산모가 오죽 힘들었겠냐고. 그 이후로 심장병이 생겼다는 것 같아.' 동네 사람들은 최 의사네 딸들에게도 은근히 관심을 보이곤 했다.

딸들을 줄줄이 서울로 보내 공부시키는 아버지를 더욱 의아한 시선으로 보곤 했으니까. '달덩이처럼 뽀얗게 피었으니 시집이나 보내면 딱 좋겠구먼.' '여자를 대학까지 보내서 뭐해요.' '출가외인이 될 터인데.' 친척에게 중신 서겠다는 사람들도 있었다니까.

서울에서 학교에 다니던 우리 세 딸은 주말마다 시골집으로 내려가곤 했다. 큰언니가 고등학생 때였어. 열차를 타고 다니는 남학생들이 연애편지를 주어도 거들떠보지 않았는데, 한 번은 어떤 남학생이 앞길을 막고 한 번 만나자고 졸랐다고 해. 그때 큰언니 왈, "너는 너희 집의 아들이지만 나는 우리 집 아들이나 다름없어." "쓸데없는 데 시간 낭비하기 싫다."라고 했다네. 그 사연이 우리 동네까지 소문이 퍼졌다. 나는 그런 언니가 꼭 든든한 오빠 같았다니까.

큰언니는 우리가 살고 있던 군내에서 홍일점 여대생이 되었어. 그때는 아들들도 전 재산 같던 소를 팔아 또는 논이나 밭을 팔아 대학을 보내던 시절이었거든. 그 무렵부터인 것 같아. 우리 과수원이, 논이나 밭들이 하나둘씩 팔려나가기 시작했어. 남에게 맡겨 농사짓는 게 신경 쓰인다는 이유였는데, 아버지는 딸들 학비 대느라 그리하셨을 것 같아.

아마 팔당 저수지가 생기면서 주변 땅들이 수몰되기 훨씬 전일 거야. 아무튼, 어린 내 기억으로는 과수원에서 내 머리통만 한 배를, 배에 안고 낑낑대며 집으로 걸어오던 생각이 나는 거야. 단물이 줄줄 흐르고 껍질이 얇았던 맛있는 배. 과수원에 있던 검은 세퍼트 개가 달려들어 물 것 같아 은근히 겁먹던 기억도 나고.

약학대학 졸업을 하고, 큰언니는 약사가 되었어. 지금은 약국도 편의점만큼이나 흔하지만 그때만 해도 버스 정거장 몇 개를 찾아 나서야 약국이 하나 있을까 말까 했지. 조제를 잘한다는 소문에 약국은 늘 손님들로 붐볐어. 한 건물에 살림집과 약국이 붙어있었는데, 깊은 밤에도 막무가내로 셔터 문을 부서져라 두드리는 사람들이 있었지. 밤에 급작스레 병이 나서 해열제나 지사제, 급체에 먹을 소화제 등을 찾았어. 그런 사람들도 외면하지 못하니, 어느 때는 피곤해 뵈는 언니가 안쓰러워 보이기도 했어.

시골집에 내려가지 않는 날, 나는 큰언니 집으로 놀러 가곤 했어. 하루가 다르게 커가는 어린 조카들이 보고 싶었거든. 특히 더운 여름날, 언니! 하고 약국 문을 밀고 들어서면 "어서 와라" 하며 언니는 냉장고에서 D 사의 드링크 한 병 뚜껑을 탁 비틀어 까고 은박지에 쌓인 비타민

한 알을 주는 거야. 그 시원하고 달달한 맛이 목구멍으로 꼴깍꼴깍 넘어가고, 조금 후 가뿐하고 상쾌하게 전해지던 느낌이라니.

내가 결혼을 해서 첫아이를 낳고 육아에 시달리어 무척 피곤할 때, 그 반짝하던 맛이 간절히 생각나더라고. 저녁 장을 보러 시장에 나가면 시장 입구에 약국이 있었어. 그때마다 나는 반가운 친구 만나듯, 그 드링크를 한 병씩 사 먹었지 뭐야. 나도 모르게 카페인이 든 드링크에 중독이 된 것이야.

내게도 지금, 큰언니 같은 딸이 하나 있다면 얼마나 좋을까. 나이 들어갈수록 엄마에게는 딸이 있어야 한다는 걸 이제야 느꼈으니. 다정한 친구같이 딸들하고 여행도 다니고, 사우나 같이 가는 친구들을 보면 부럽기도 해. 아들만 둘을 낳은 나는, 이제 와서 딸을 낳지 못한 것이 서운한걸. 어머니가 아들 하나 못 낳아 노심초사 애를 태우던 걸 봐와서 딸은 없어도 된다고 생각했거든.

누구는 우아하게 커피 한잔으로 아침을 연다지만, 나는 드링크 한 병과 비타민을 입안에 털어 넣어. 이러길 벌써 몇 해인지도 몰라. 오늘도 여전히 맛있는 중독을 이어가고 있지. 그래서인지 세상 떠난 큰언니가 가끔 보고 싶기도 하고, 어릴 때 추억 속으로 젖어 들기도 하지. 오래된 습관 속에는 그럴만한 사연들이 숨어 있기도 할 것 같다.

운을 부른 꿈

　이따금 물 꿈을 꾸곤 했다. 웬일인지, 아무도 없는 강가에 나 혼자 서서 맑고 푸른 강물을 바라본다. 주위는 바람 한 점 없이 고요하고 강물은 잔잔히 흐른다. 고향의 강을 닮은 듯도 하고 전생의 강물을 찾아온 듯도 하다.
　어느 날은 어디서 샘솟는지 모를 맑은 물이 마당에 가득하다. 그 물은 내 발목을 적시며 찰방거린다. 물에서 놀다 퍼뜩 잠에서 깨어나 몽환적인 분위기에 젖어있었다.
　이제 갓 결혼한 스물다섯 새색시는 그 꿈에서 고향을 떠올린다. 고향 집 앞에는 강이 흐르고 그곳은 유년의 추억이 듬뿍 깃든 곳이다. 오래전 떠나온 고향. 남한강과 북한강, 두 강이 합수머리를 이루며 다정한 연인처럼 얼싸안고 뒹굴 듯 유유히 흐르는 고향의 푸른 강물. 굳이 프로이트의 꿈 이론을 들먹이지 않아도 내 무의식 속 고향에 대한 그리움이려니 했다.

어느 날 큰언니네 집에 놀러 갔다. 나는 언니와 이야기를 나누다가 내 꿈 이야기를 하게 되었다.

"언니, 요즘 내가 물 꿈을 자주 꾸어요." 언니는 대뜸 "맑은 물이냐, 아니면 탁한 물이냐" 하고 되물었다. 나는 "아주 맑은 물이에요" "한 번도 아니고 자주 꾼다고" "누군가에게 말했니?" "아니요, 아직 아무에게도."

큰언니는 내 손을 꼭 잡으며 그 꿈은 아주 좋은 꿈이니 누구에게도 말하지 말라고 다짐을 주었다. 좋은 꿈? 무슨 좋은 일이 있을까? 나는 그때부터 남편에게도 꿈 얘기는 함구했다. 신라 선덕여왕 시대, 김유신의 누이동생 보희가 꿈을 꾸었는데 서악西岳에 올라 소변을 보았더니 온 서울이 소변으로 가득 차는 꿈이었다고. 그다음 날, 보희는 꿈꾼 얘기를 동생 문희에게 해주었고 문희는 언니에게 자기 비단 치마를 주고 꿈을 사게 된다.

그 꿈은 새로운 왕의 탄생과 건국을 예고하는 꿈이었는데 길몽인 줄 모르고 꿈을 판 보희. 문희는 꿈을 사서 훗날 김춘추의 부인이 되고 신라의 왕비로 탈바꿈하게 되었으니, 이 꿈 이야기는 삼국유사에서 전해진다. 만약, 보희가 그 꿈을 팔지 않았다면 그녀가 왕비가 되었을까?

오줌! 즉, 물이 넘치는 꿈이 길몽이라는데, 그렇게 좋다는 물 꿈을 꾼

운을 부른 꿈 55

내게는 어떤 일이 생기려나. 하지만 그렇고 그런 날들은 날개를 단 듯 흘러만 갔고, 그 꿈도 희미하게 잊혀갔다.

우리 부부는 단칸방을 얻어 신접살림을 시작했다. 가을에 선을 보고 그 이듬해 봄에 결혼했으니 만난 지 일 년이 안 되었다. 그런데 나보다 여덟 살이나 많은 신랑은 말이 없는 편이었다. 그러니 서로를 알기엔 아직 부족했다. 어쩌다 술을 한잔하면 혼잣말처럼 푸념을 늘어놓았다. 그 직장은 국가기밀들을 취급하는 곳이었으니, 6·25 때 월북한 먼 친척 때문에 진급 심사에서 떨어지나 보다고, 못내 아쉬워하며 그 속내를 풀어냈다.

그즈음 첫아기가 생겨 뱃속에서 발길질을 했다. 세상 물정 모르는 새색시는 어설픈 살림 솜씨에다 아기 엄마까지 될 판이었다. 남편이 처음 내게 건넨 누런 월급봉투는 급여 내역과 동전 하나까지 맞아떨어졌지만, 소꿉장난 같은 살림을 사는데도 월급은 금방 바닥이 났다. 처녀 때 소비 성향을 버리고 살림에 적응하느라 아주 애를 먹었다. 그 무렵부터 가계부를 쓰기 시작했던 것 같다. 하지만 아무리 계산을 해도 단칸방을 벗어나기란 묘연했는데 아기까지 생겼으니.

나는 남편에게 집을 사자고 졸랐다. 조그만 집부터 시작하자고. 웬일인지 남편은 내 말을 따라주었다. 전세 거리밖에 없었는데 무슨 배짱이었는지, 방이 세 개나 딸린 작은 집을 사서 전세도 놓고 은행 융자도 얻었다. 집을 산 취득세와 부대 비용은 혼수로 받은 금붙이를 팔아서 댔다. 우리 집 문패도 달고 하얀 스피츠 강아지 한 마리도 사다 놓았는데,

누군가 대문 밖에서 얼쩡거리면 강아지는 '왕왕' 짖어대면서 파수꾼 노릇을 충실히 했다. 남향집은 햇볕이 잘 들어 베란다에 놓은 화초들이 무척 잘 자랐다.

초겨울에 이사를 하고 이듬해 봄에 그 집에서 첫애를 낳았다.

나는 세상이 어찌 돌아가는지도 모르게 빡빡한 나날들을 소화하기 바빴다. 넝쿨장미가 담벼락을 붉게 물들여 요염한 웃음을 흘리던 봄날, 잠투정하는 아이를 업고 골목으로 나갔다. 몇몇 아주머니들이 웅성웅성 이야기를 나누다 나를 보자 '새댁' 하며 손짓을 했다.

"참, 잘했네. 잘했어. 집값이 배로 뛰었대요. 작년 새댁이 사 온 집값의 배로"

나는 그때 무슨 말을 듣고 있는지 어안이 벙벙했다. 이사 온 지 겨우 일 년밖에 안 되었는데. 그새 집값이 뛰었다니. 이럴 수가! 겨우겨우 어렵게 마련한 집이었는데. 우리가 집을 사고 나서 부동산 붐이 일기 시작했다는 것을 나는 몰랐다. 그때 집을 안 샀다면 우리는 아주 오랫동안 전세를 전전해야만 했을 것이다.

그날 저녁, 나는 집값 오른 얘기를 하려고 벼르고 있었는데 퇴근한 남편은 술상부터 보라고 채근을 했다. 남편 얼굴에는 화색이 돌았다. 비로소 그렇게 속 썩이던 진급이 되었단다. 나는 "우리 집값이 배로 뛰었대요." 하고 맞장구를 쳤다. 그날 밤늦게까지 주거니 받거니 축하주를 마셨다. 나는 그제야 내가 꾼 물 꿈이 운을 불러온 걸까 하고 생각해봤다. 정말 꿈 때문이었는지 우연인지 모르겠지만 나는 꿈 신봉자가 되었다.

극적 반전이란 이런 걸 두고 하는 걸까. 운을 탄다는 것이 이런 현상이려나. 그 후로 남편의 진급은 순조롭게 올라가기 시작했고, 처음 산 집은 기반을 잡는데 수월하게 한 일등공신 역할을 톡톡히 해냈다.

삼국유사 중에는 꿈에 대한 사례들이 많이 나온다. 신화나 전설로 묻어두기엔 실로 이해할 수 없는 꿈들이 현세에서도 꾸어진다는 것이다. 무엇으로도 설명할 수 없는 예시적인 꿈들이.

운을 부르는 좋은 꿈을 한 번 더 꾸어보고 싶다. 맑은 물, 맑은 샘이 보이는 꿈을. 하지만 좀처럼 그 꿈은 꾸어지지 않는다. 돌이켜보니 아이들 건강하게 자랐고 우리 부부 머리가 희끗희끗하도록 의좋게 살았으니 넘치는 복을 받은 셈이다. 그래도, 행여 모처럼 지나가다 들리는 복이 있다면 내게 머물 수 있도록 마음을 비워둬야겠다. 욕심이 꽉 찬 자리에는 복이 들 자리가 없을 터이니.

어머니의 웃음

온 집안에 화들짝 웃음소리 넘친다.

이제 첫돌이 코앞인 손자 녀석이 걸음마를 시작했다. 방바닥에다 가슴을 밀며 자꾸 기는 연습을 하더니만 이젠 걷기 연습이다. 궁둥이엔 커다란 기저귀 매달고 뒤뚱, 어렵게 한 발을 옮긴다. 아기는 제 딴에 균형을 잡으려는지 양손을 옆으로 살짝 벌리는 자세를 취한다. 한 발을 떼고 나면 꽤 만족한지 웃고, 걷는 재미와 내심 어떤 성취감이 느껴지는지 또 한 번 웃고, 솜털 보송보송한 얼굴에 보름달처럼 맑은 웃음이 걸려있다.

며느리는 손뼉을 치며 아기 이름을 부르고 아기는 엄마를 향해 어려운 발자국을 뗀다. 지켜보는 가족들은 그 작은 보폭이 마치 공중 줄타기를 보는 듯이 아슬아슬해서 사뭇 진지하다. 아기가 풀썩 주저앉으면 '아이쿠' 하며 일으켜 세우고 무사히 걸음을 떼면 박수 소리와 웃음소리로 떠들썩하다.

그 해맑은 웃음에 어른들도 잠시나마 맑고 순수해져 만사 시름 잊고 행복한 웃음을 웃는다. 아기의 천진한 웃음에서 부모들은 열심히 살아가야 할 원동력이 샘솟게 되나 보다.

할머니인 나는 아이를 낳아보지 못한 여인네처럼 귀여운 손자의 일거수일투족이 그저 신기하고 신비하기만 하다. 때맞추어 뒤집고 기어 다니고 걷고 어눌한 발음으로 엄마 아빠를 부르는 아이의 그 조화는 무엇인가.

내가 작은아이를 낳았을 때는 8월 중순이었다. 예정일을 보름이나 넘기고도 아기는 세상 밖으로 나올 생각을 안 하고 잔뜩 무거운 몸은 무더위에 휘둘리고 있었다. 미숙아보다 과숙아가 더 문제라고 나에게 겁을 주던 의사는 유도분만을 권했다. 병원을 다녀와서도 사나흘이 지났을까, 뱃속 과숙아도 걱정되고 당장 겪는 더위와 축 처진 태산 같은 배로 심란했다.

그날은 토요일이었다. 아침 시간에 아기 옷 보따리를 싸 들고 혼자 산부인과로 갔다. 팔뚝에 유도분만을 하려는 촉진제가 꽂혔다. 큰아이 적에는 진통이 자연적으로 와서 점진적인 산통인데 유도분만은 태풍 밀려오듯 한꺼번에 갑작스레 산통이 닥쳤다. 침대의 철제 난간을 잡고 이를 악물고 비명을 지르는데 퇴근해서 병원으로 달려온 남편은 고통스러워하는 내 모습에 병실 안을 이리저리 왔다 갔다 어찌할 줄 몰라 했다. 남편의 그런 모습이 더 불안해서 나는 남편을 병실 밖으로 내쫓았다. 죽어도 살아도 어차피 내가 겪을 고통이니, 이런 순간이 몇 시간 더 지속한다면 차라리 죽고 싶다는 생각이 들 정도였다. 그렇게 태어난 벌거숭이 아이를 보고 나는 배시시 웃었다. 조금 전에 진저리나는 고통은 까맣게 잊은 채.

손자를 어르고 부르는 며느리의 낭랑한 목소리에 웃음이 실렸다. 그 웃음소리와 모습, 어디선가 보고 들었던 익숙한 모습, 흐릿한 영상을 떠올리자 파노라마처럼 선명한 색채로 다가오는 것이다. 그래, 어머니의 웃음, 그 옛날 내 어머니도 저런 웃음을 웃으실 때가 있었지.

어머니는 딸만 다섯을 내리 낳으셨다. 첫째 딸을 어린 나이에 병으로 잃어버려 딸이 넷이 되었다. 독자인 아버지는 씨받이를 들여서라도 자손을 보라는 집안의 성화에 시달리셨다. 의사이셨던 아버지가 매번 산파가 되어 주셨는데 아기를 받고 아무 말씀 없으시면 또 딸이었다고. 어머니는 산고를 표현할 염치도 없으셨을 테니. 죽고 싶어도 남은 자식들 때문에 죽을 수도 없는 죄인의 심정이었다고 하셨다. 내 아래 동생이 잘못되어 유산이 되었는데 아들이었더라고. 어머니는 원통하고 아쉬운 마음에 슬퍼하셨다. 그리고 태어난 아이가 내 밑의 여동생, 다섯째였다. 이번에 낳고 또 딸이면 이젠 포기하리라고 어머니는 그렇게 다짐을 하셨는데, 다행히 여섯 번째에 애타게 바라던 아들일 줄이야. 드디어 득남하셨다.

막내 남동생이 태어나던 날, 그때는 컴컴한 한밤중이었다. 잠결에 외할머니의 외침과 흔들어 깨우는 소리에 딸들은 잠에서 깼다.
"애들아 일어나라" "어여 일어나. 엄마가 아들 낳았다네."
외할머니의 목소리는 들떠서 떨리고 있었다. 잠에서 덜 깬 눈을 비비면서 나는 씩 웃었던 것 같다. 어렵던 퀴즈를 풀어버린 것 같은 흐뭇함에 어머니의 슬픔이 끝난 것 같은 안도감에서.
우리 집엔 갑자기 생기가 돌았다. 사내아이의 우렁찬 울음소리에 아버지의 발걸음에 힘이 실리고 아기에게 젖을 물리는 엄마의 표정은 숭고했다. 나는 덩달아 신이 나서 무언가 떳떳해진 것 같았다. 친구들에게도 남동생이 태어난 걸 입이 터져라 자랑하고 다녔다. 이미 동네에 소문이 나서 애나 어른이나 모르는 이가 없었건만.
우리 딸들은 이대 독자 남동생이 예쁘다고 안아주거나 업어줄 수 없었다. 행여나 어디 다칠세라 어머니의 정성이 대단했다. 딸들과의 차별 대우는 하늘과 땅 차이지만 그 누구도 토를 달지 않았다. 그것은 당연하고 마땅하게 남동생이 누려야 할 몫이라 여겼다. 어린 남동생의 재롱에 달라진 어머니의 환한 얼굴을 보는 것만이라도 우리에겐 큰 보상이었다. 웃음이 떠나지 않는 어머니의 얼굴, 그렇게 행복해 뵈는 어머니의 얼굴에서는 빛이 났다.
우리에게 살면서 행복하게 웃을 수 있는 시간은 얼마나 될까? 정말 순수하고 맑은 웃음을 웃을 수 있는 순간이 얼마나 될까? 때론 마지못해 웃어주는 웃음도 있고 억지 유머로 웃음을 유도하기도 하고 빈정거리는 비웃음도 있었을 테고, 너무 기가 막힌 헛웃음도 지었을 것이다. 진정 기뻐서 웃는 것도 잠시의 순간일 것이다. 세상엔 의외로 웃음의 종류도 하도 많아 나열하기도 바쁜 것 같다.

하지만 어린 아기의 티 없는 웃음, 그 아기를 바라보며 웃는 엄마의 행복한 웃음과 비교될 웃음이 세상에 존재할까? 없을 것이다. 그 웃음은 삼신할머니의 특혜로 오직 아기와 그 어미에게만 내려준 웃음일 터이니.

누군가가 내게 살아오면서 제일 행복했던 순간이 언제냐고 묻는다면 주저 없이 또 몇 번이라도 아이들을 낳아 기를 때였다고 말할 수 있다. 그런데 나는 그때보다 더 진한 행복감을 손자에게서 느끼는 건 왜일까.

얼마 만에 손자를 만나니 또 몇 가지 늘어난 재롱에 나는 그만 바보처럼 넋 놓고 웃고 만다. 노년의 우울을 확 날려버릴 신비한 묘약이 손자에게 있다. 이젠 손자 사진만 봐도 입이 벌어지고 생각만 해도 미소가 지어진다.

세상에서 보람 있는 일 중 하나가 어머니가 되어 아이를 사랑으로 키워내는 일 아닐까. 축복 중의 축복은 내 아이를 키우며 성장 과정을 지켜보고 또 귀여운 손자를 안아보는 일일 것이다.

먼 시간 전에 어머니의 웃음, 내게 가장 보람된 시절의 웃음, 그리고 손자를 안고 미소를 머금은 며느리의 표정은 세상 모든 어머니의 웃음이리라.

텃세

산책을 하려고 공원 입구로 들어섰다.

공원을 걷다 보니 한 무리 사람들이 모여 있는 곳이 보였다. 웬일인가 싶어 나도 지나던 발걸음을 멈추었다. 그곳엔 키 작은 붉은 단풍나무 아래 고양이 한 마리가 앉아 있었다. 처음에는 새끼 고양인 줄 알고,

'어머 새끼 고양인데 어미는 어디 두고' 라며 혼잣말을 했다.

내 말은 듣고 있던 옆의 아주머니는,

"아니에요, 중간 정도 자란 고양이에요. 먹질 못했는지 비쩍 말랐어요. 저 보세요. 털에 윤기가 없이 푸석푸석하잖아요."

자세히 보니 고양이의 모습이 후줄근했다. 왠지 지쳐 보이고 배도 홀쭉했다. 고양이 무리 중에서 왕따를 당한 걸까. 아니면 기르던 주인에

게 버림을 받았는가. 혹시 몹쓸 병이 들어 외로운 투병을 하는 걸까. 이미 몸이 많이 상한 모습이다. 사람이나 고양이나 배고프고 병들어 아픈 것이 제일 힘든 것인데, 어려울 때 누군가가 곁에 함께 있어 줘야 하는데, 고양이의 모습에서 외롭고 쓸쓸함이 묻어났다. 무슨 사연이라도 있는 걸까. 잠시 지친 몸을 쉬어가려나 보다.

그런데 주인공인 고양이보다 더 관심을 끄는 것은 까치였다. 까치 한 마리가 고양이 주변을 이리저리 날아다니며 깍깍거리고 있었다. 그 소리는 자못 위협적인 경고음 같았다. 퍼덕이는 날갯짓에 잔뜩 힘을 주고 고양이 주변을 맴돈다. 이 근방 어디 우듬지에 둥지를 틀었을 까치는 자신들의 놀이터에 앉아 있는 불청객에게 텃세를 하고 있는 게 분명하다. 행여 자기 가족의 놀이터를 불청객에게 뺏길세라 불안한 모습이다. 까치의 그런 공격 자세는 본능적인 삶의 투쟁일 터인데, 고양이나 까치는 웅성거리며 그 모습을 구경하는 사람들은 안중에도 없어 보인다.

나는 어릴 때 고양이를 귀여워했다. 검은 얼룩 새끼고양이를 품에 안고 다니다가 보자기를 둘러 아기마냥 등에 업어주기도 했는데 얼마나 앙칼진지 한순간에 날카로운 손톱으로 할퀴어 얼굴이며 손등에 고양이 손톱자국 상처가 많았다. 그래서 어머니는 내게 고양이 대신 업어줄 인형을 만들어주셨다. 속에다 좁쌀을 넣고 노랑 저고리 분홍치마에 고깔모자를 쓴 인형이었다.

어쩌다 말려놓은 생선을 순식간에 낚아채어 도망가던 고양이. 쥐새끼를 물어 땅에 탁 팽개치던 그 당당함. 하지만 너무 나약해진 저 고양이의 처지나 깍깍대는 까치의 모습에서 사람들의 삶의 한 단면을 보는 것 같다. 때론 고양이처럼 병이 들어 몸이 아프기도 하고 마음의 상처가 깊어 상심하여 병이 들기도 한다. 혹은 까치처럼 텃세를 부리거나 자신의 권리나 이익을 위해 목소리를 높이고 싸움까지 하지 않는가.

지금 단풍나무 밑에 앉아 있는 고양이를 보며 나는 50년 전으로 돌아간다. 초등학교 6학년 초, 작은 면 소재지 촌 동네에서 서울 중심에 있는 학교로 전학을 오게 되었다. 60명이 넘는 콩나물 교실의 맨 끝자리가 내 자리였다. 촌 동네 우물 안 개구리였던 나는 서울이란 넓은 세상이 그저 얼떨떨하기만 했다.

고향을 떠나 부모님과 떨어져 외로움을 타던 시골 소녀인 나에게 몇 명의 반 아이는 텃세를 했다. 내 전과를 말없이 집어가거나 맨 뒤에 놓인 내 책상을 뒤로 더 빼라며 위협을 하거나, '야! 시골뜨기' 하며 노골적인 적대감을 보였다. 어수룩해 뵈고 촌티 나는 모습, 처음 몇 달은 공부에서도 밀렸던 촌 아이, 도시의 아이들 눈에 비친 나는 만만한 상대였다. 저 까치처럼 자기 터전에 온 불청객으로 보였을 것이다.

내게 어디 그런 옹골참이 있었는지, 나는 텃세를 부리던 아이들의 부당함을 더 큰 목소리로 따지고 당돌하게 맞장구치며 기죽지 않았다. "날 계속 괴롭히면 선생님께 이를 거야."라고 엄포도 놓았다. 몇몇 아이들과 그룹과외를 시작하면서 내 편의 친구들이 생기자 아이들의 텃세는 점점 수그러들었다. 요즘 문제 되는 학교폭력이나 왕따, 텃세 등은 범죄 수준이 되어 사회문제로 떠오른다. 60년 전에 텃세나 왕따는 지금 시대의 비하면 순진한 수준이었는지도 모른다.

　타국에서 시집온 다문화 가족의 자녀들이 다른 외모 때문에 학교에서 왕따나 텃세를 겪기도 한단다. 대부분 힘이 약해 보이거나 만만해 보이는 학생이 그 대상일 터인데, 힘없는 고양이를 향해 깍깍대고, 날갯짓을 퍼덕대며 위협하던 까치의 공격성이 텃세일 것이다.

　얼마를 그렇게 날아다니던 까치 옆에 또 한 마리의 까치가 날아와서 이제는 이중창으로 깍깍대며 그 고양이를 향해 노골적인 시위를 한다. 하지만 비스듬히 앉아 있는 고양이는 꿈적하지도 않는다. 아니 할 수가 없는 것 같다. 눈을 가늘게 뜨고 이따금 껌벅거릴 뿐이다. '야옹' 하고 까치를 향해 방어라도 해보면 좋으련만.

　단풍나무 아래 힘없이 앉아 있는 고양이에게 자꾸 신경이 쓰인다. 나는 속으로 '고양아! 얼른 건강을 찾아 네가 행복해졌으면 좋겠다.' '네 본성을 회복해서 활기차게 세상을 향해 나아가거라' 그리고 '그곳이 편하거든 절대로 까치를 피하지 말고 푹 쉬었다 가렴.' 나는 그 자리를 떠나 집으로 향했다.

연습으로 써본 유서

 겨울을 재촉하는 비바람이 불던, 어느 날 오후였다. 우리는 커피잔을 마주하고 담소를 나누고 있었다. 창밖을 내다보던 K 씨가, 저 비바람에 곱게 물든 단풍이 떨어지고 있다며 아쉬워한다. 우리의 화제는 자연스럽게 단풍 이야기로 옮겨갔다.
 봄날의 화려한 꽃들보다 가을의 단풍이 더욱 우아하다고 했다. 혹독한 겨울을 보내고 꽃샘추위 속에서 싹을 틔워내는 강인함이 대견하다고도. 푸르른 녹음이 톡톡 샘솟는 젊음의 활력이라면, 곱게 물들어가는 단풍은 삶이 채색된 연륜 같다고도 했다. 떨어진 낙엽은 기름진 거름이 되어 돌아올 봄을 위해 갈무리하는 셈이니, 그 생이 아름답다고 했다. 우리의 인생도 단풍처럼 곱게 늙어갈 수는 없는 걸까? 연습이 있는 인생이라면 좀 더 잘 살아갈 수 있을 것 같다는 우스갯소리로 한바탕 웃음을 자아냈다.

훌쩍 가버린 지난 세월을 아쉬워한다. K 씨는 나머지 인생을 사랑하는 삶이 되도록 노력하겠단다. 여행을 많이 해보고 싶다는 친구와 신앙 안에서 살겠다며 자신의 종교관을 피력하기도 한다. 내면을 가꾸고 취미생활도 다양하게 해보련다는 의견도 있었다. 현재도 감사하니 가족 모두 건강하면 만족한다는 소리에 우리 모두 손뼉을 쳤다.

A 씨가 색다른 제안을 해왔다.

"죽음을 생각해보면서 유서를 미리 써보면 어떨까?" "웬 유서를 벌써?" 하며 놀라는 사람과 재미있을 것 같다는 사람들로 나뉘었다. 태어남은 순서가 있지만 죽음에는 순서가 없으니, 유서를 미리 써보면 삶의 소중함을 더 느낄 수 있지 않겠느냐며, 자기 친구 이야기를 해주었다.

A 씨의 친한 친구의 남편은 지독한 구두쇠였다고 한다. 그래서 친구는 늘 불만이 많았단다. 그런데 유럽 여행을 20일간 다녀올 기회를 갖게 된 친구는 유서를 절절히 써서 공항에 배웅 나온 남편에게 건넸다. "이게 뭐냐?"며 묻는 남편에게 집에 가서 뜯어보라고 했다나. 마침 대형 비행기 사고로 온 나라 안이 떠들썩했을 때였다.

여행을 무사히 마치고 귀국한 친구는 변해버린 남편 때문에 놀랐단다. 집은 도배를 해서 산뜻해졌고 거실 소파며 가구 일부는 새것으로 바뀌어 있었단다. 그렇게 잔소리해도 듣지 않고 단벌옷만 고집하던 남편은 자신의 옷도 여러 벌을 샀더란다. 유서 덕을 톡톡히 본 것이 틀림

없다며, 우리를 한바탕 웃게 만들었다.

그렇게 웃으며 시작한 유서 쓰기는 시간이 흐를수록 숙연해지는 분위기로 변했다. 젊은 새댁은 도무지 실감 나지 않아서 쓸 수가 없다며 난처한 표정만 짓는다. 갑작스레 죽음을 떠올리자니 생소함에 당황스럽다.

나의 어린 시절, 부모님의 사랑과 올망졸망 커왔던 형제들의 얼굴, 결혼과 출산, 자녀를 키우면서 행복하던 순간들이 떠오른다. 큰아이 출산 후, 나는 산후가 안 좋아서 고생을 많이 했다. 빈혈과 저혈압으로 맥없이 '픽' 쓰러지면서 정신을 잃곤 했다. 남편의 등에 업혀 병원으로 가는 중에 아주 잠시 정신이 퍼뜩 들 때가 있었는데, 순간, '아! 이렇게 죽어가는 거구나.'라는 느낌이 들었다. 그때는 엄마 없을 아이가 불쌍해서 가슴이 저렸다. 아직 젊은 남편은 새 출발 할 것이니 염려스럽지 않았다.

차분히 감정을 정리해 가며 유서를 쓴다. 사랑하는 가족과의 영원한 이별은 너무 슬프고, 아직은 살고 싶다는 욕구가 타오른다. 가족에게 남길 말을 써 내려가며 두 아들 생각에 이르자 가슴이 뭉클해 온다. 엄마의 사랑이 헛되지 않게 바르고 건강하게 살아가라 타이르고, 아버지를 잘 보살펴 드리라고 부탁한다.

늦장가를 들어 육십을 바라보는 나이에 이제 대학생인 두 아들. 자녀 혼사도 못 치르고 홀아비가 된 남편의 처량한 모습이 보인다. 몸이 아프거나 외로울 때 진정 위로해줄 부인이 옆에 없다면 어쩌나, 만감이 교차한다.

　이제는 혼자 남겨지는 남편이 더 걱정스럽고 안쓰럽다. 부부의 정이란 미운 정 고운 정이라는데, 그런 정들이 섞여 서로의 믿음이 더해지는 건 아닐는지. 장·단점을 모두 드러내어 티격태격했더라도 서로 이해하고 격려하며 하나가 된 시간들. 인생의 소중한 동반자인 것이다.

　어디선가 훌쩍이는 소리가 들린다. 그 소리가 도화선이 된 듯 여기저기서 훌쩍거렸다. 그중 한 사람이 자신이 쓴 유서를 읽어나가며 눈물을 참느라 몇 번이나 중단하곤 했다. 내용의 대부분은 자녀들의 애절한 사랑과 염려, 남편과의 이별, 잘 살아오지 못했다는 아쉬움 등으로 채워졌다.

　연습으로, 재미로 써보게 된 유서가 살아있음에 감사하고, 살아갈 날을 조명해보는 색다른 경험이 되었다.

2부

가족사진

실없는 농담

무심히 길을 지나치다 한 무더기 토끼풀 앞에서 문득 발을 멈추었다. 더 짙어진 초록 잎은 땅바닥에 납작 엎드린 채 겨울을 맞고 있었다. 토끼풀을 보며 연상되는 상념들이 떠오른다.

그때는 여름이었어. 꽃반지 만들다 싫증 나면 네 잎 클로버 찾아 풀밭을 헤매던 어린 시절이었지. 나는 어느새 내 오른손 엄지손가락의 흉터를 바라본다. 손가락에서 찌릿한 통증이 느껴지는 듯하다.

어머니는 그때 그러셨다.

"이것아, 큰일 날 뻔했어. 손가락 없는 색시를 누가 데려가겠어."

중학교 여름 방학 때였다. 나는 서울에서 학교에 다니다 방학을 맞아 시골집으로 내려왔다. 남동생은 한껏 들떠 있었다. 하 씨 아저씨네 토끼가 새끼를 낳았는데 한 마리 가져다 길러보라고 했다며. 사과 상자에 망을 쳐 토끼 집도 마련해 놓고, 토끼풀은 어디가 많은지 무엇을 먹일지 궁리도 많았다.

하 씨 아저씨는 한의사이신 아버지가 손 볼 수 없는 집안의 잡다한 일들을 맡아 해주던 분이셨다. 채마밭이나 과수원 관리, 장작을 사들이는 일 등, 오랫동안 정이 깊어 일가친척 같았다.

우리 집에서 걸어가면 30분 정도 거리에 아저씨 집이 있었다. 누에가 꿈틀거리며 뽕잎을 갉아 먹는 모습도, 엄마 소 옆에 어린 송아지가 여물을 먹으며 입을 오물대는 모습 등, 농사를 짓지 않는 우리 집 형제들에게는 전형적인 농촌 생활의 체험장이었다.

그날도 남동생 손에 이끌려 아저씨네 집으로 갔다. 넓은 마당에는 소에게 줄 풀들이 산더미처럼 쌓여있고, 그 옆에는 보기에도 섬뜩하고 커다란 작두가 놓여 있었다. 막 풀을 썰려던 참이었던 아저씨는 우리를 보고 반색을 하시더니, 잠깐 기다리라며 뒤꼍으로 토끼를 가지러 가셨다.

그새 남동생은 작두 손잡이를 잡고 장난을 하고 있었다.

"누나, 풀 한 번 넣어 줘봐, 꼭 한 번만"

풀을 꼭 썰어 봐야겠다는 각오라도 한 듯 나를 졸랐다. 위험하다는 만류도 소용없었다. 자꾸 보채는 동생에게 말했다.

"그래, 꼭 한 번이다."

나는 풀 한 다발을 작두 속으로 밀어 넣는 순간 '슥' 소름끼치는 감촉에 소리를 질렀고, 다행히 남동생은 작두를 들어 올렸다. 그저 얼른 풀을 썰어보려는 조급증이 낸 사고였다. 내 엄지에서는 붉은 피가 흐르고 하얀 뼈가 훤히 드러나 보였다. 나는 왼손으로 상처를 꼭 붙잡고 집을 향해 뛰었다. 언뜻 바라본 남동생의 얼굴은 백지장이 되었다.

유리창 너머 병원 진료실에는 환자들이 많았다. 아버지는 저울에 연신 한약의 무게를 달아 한약을 짓고 계셨다. (아버지는 한의, 양의 자격을 다 갖추고 계셨다.) 급하게 치료를 해야 하기에 어머니는 아버지 대신 의료 기구함에서 바늘을 꺼내어 실을 꿰었다. 웬만한 간호사 수준이셨던 어머니였다.

"금방 끝나니 꼭 참고 있어라."

상처를 소독하고 수술 바늘로 찢어진 살을 한 땀씩 꿰매기 시작했다. 바늘이 살을 뚫는 따가움, 실을 잡아당겨 묶는 느낌, 중간중간 소독을 하는 감촉을 느끼며 이를 꼭 깨물었다. 행여 아버지의 진료실까지 들려 병자를 보시는데 방해될까 봐 소리죽여 울었다. 그리 무섭지는 않았다. 환자들이 치료받는 모습을 늘 보아왔으니까. 그런데 뻐근하고 쓰리고 아리고 아팠다. 여섯 바늘, 상처 자국이 조그만 손가락을 가로질렀다. 붕대를 감아주시며 어머니는 그래도 이만하길 천만다행이라며 한마디 하셨다.

"이것아 너 시집도 못 갈 뻔했어. 손가락도 없는 색시를 누가 데려간다더냐."

아직 어린 나를 시집보낼 걱정부터 하셨다니.

나는 약을 먹고 아랫목에 누웠다. 욱신거리는 통증 때문에 잠도 쉽게 오지 않고 괜스레 서러워졌다. 이불을 머리까지 뒤집어쓰고 훌쩍거렸다. 어머니 말마따나 손가락이 없어 신랑감한테 퇴짜 맞는다면, 그래서 시집을 못 간다면, 그런 상상을 해보니 그나마 이 정도 아픈 것은 참을 만했다.

사랑채에서 안채로 건너오는 복도에 발소리가 들렸다. 아버지의 발걸음 소리다. 나는 숨을 죽이고 자는 척했다. 어렵기만 하던 아버지께 무슨 큰 잘못이라도 저지른 것 같아서다. 방문이 열리고 한동안 나를 내려다보시는 아버지의 시선을 느낄 수 있었다. 잠이 든 나를 깨우진 못하시고 말없이 서 계시다가 가시길 두어 번, 아버지의 염려하는 마음이 느껴졌다.

시집와서 살아보니 남남이 만나 부부로 사는 것, 자식 낳아 기르는 것은 도 닦는 고행이나 다름없던데, 여자에게 시집은 무엇이기에 부모님들은 그리 걱정을 하셨는지.

내가 첫애를 낳고 사 년 터울로 작은아이를 낳았다. 그때 젖먹이를 재워놓고 부엌에서 일하다가 방으로 들어갔을 때였다. 밖에 나가 노는 줄 알았던 큰 녀석이 잠자는 제 동생의 손을 배냇저고리에서 꺼내 꼭 쥔 손가락을 펴보려고 하던 참이었다. 여린 고사리순 같은 손가락을. 동생 하나 낳아달라고 노래를 하더니만 마냥 신기하고 귀여웠나 본데, 나는 소스라치게 놀랐다. 아기의 여린 손가락이 행여 다칠세라 큰아이를 타이른 적이 있었다.

내가 부모가 되어보니 온갖 정성에 공을 들여 자식을 키우게 되던데, 간혹 아이들이 아프거나 다치면 심장이 졸아들 것 같은 걱정을 하곤 했는데, 어머니는 그때 내 손가락을 보고 얼마나 놀라셨을까. 만약 손가락이 작두에 잘려나갔다면. 아휴! 지금 생각해도 소름이 돋는다.

다행히 손가락에 흉터만 남겼으니 망정이지. 오른손 엄지가 없다면 불편함은 물론이고, 지금의 남편을 만날 수나 있었을는지. 깐깐한 성격의 신랑은 손가락 없는 색시를 아마 싫다고 했으리라.

어느 날, 나는 남편에게 농담처럼 한마디 했다. 어머니는 내 손가락 조금 다친 것도 시집 못 보낼 걱정부터 하셨어요. 당신 짝 만드시려고 그리 정성을 들여 키워주셨노라고.

"당신은 복이 많은 사람인가 보다."고, "좋은 색시를 만났으니."

이렇게 실없는 농담을 툭 던지면 남편은 수긍도 부정도 않은 채 그냥 웃고 만다. 나를 바라보는 눈빛이 다정한 걸 보면 '당신 말이 맞아' 하는 것 같기도 하다.

살아생전 잘 키워서 좋은 짝에게 시집보내야지 하시더니, 어머니의 나이 마흔아홉, 평소 심장병을 앓던 어머니는 주무시다 돌아가셨다. 진달래가 지천으로 붉게 물든 봄날, 아깝고도 아까운 나이에 꽃길 따라 멀리 가셨다.

이젠 세상의 풍습도 많이 변했다. 독신을 고집하는 사람들도 늘었고 자기 일이나 발전을 위해 결혼을 미루어 만혼하는 사람들도 많아졌다. 또 출산을 기피하고 아이를 낳지 않는 젊은 부부들도 늘고 있다.

결혼이 전부일까? 남녀 간 사랑의 결정체가 결혼이라면, 가정이란 포근한 둥지가 사회를 이루는 초석이 된다면, 결혼이란 인간의 도리고 세상 사는 이치일까? 남과 남이 만나 조화를 이루며 살아간다는 것은 큰 도를 닦는 것과 무엇이 다를지.

어머니가 지금 살아계신다면, 네 꿈이 소중하다면 결혼보단 너를 위해 살아가라고 하실까? 여자는 그저 가정을 꾸미고 토끼 같은 새끼 낳아 재롱떨며 커가는 모습 보는 것이 행복이다고, 그리 말씀하셨을까.

남편에게 툭 던진 실없는 농담 한마디에는 어머니를 향한 깊은 그리움이 실려 있다. 몇십 년의 결혼생활 후, 과연 결혼의 의미도 무언지 되짚어 보게 한다.

허깨비

팬데믹이 온 세상을 휘저을 때이다. 가야 할 곳도 발걸음을 멈추고 마스크와 소독제로 무장을 해야 했다. 하필 이런 때에 가족들을 다 데리고 미국행이라니. 뉴스를 보면 미국의 코로나 상황이 우리나라보다 더 심하다고 들려왔다.

작은아들이 3년 동안 미국 워싱턴 특파원으로 발령을 받았다. 회사에서는 워싱턴은 첫 특파원 파견이라서 무척 신경 쓰고 보낸듯하고 저도 좋다고 하니, 어미의 걱정은 드러내지도 못했다. 그저 속으로 걱정만 되었다.

출국 며칠 남겨두고 작은아들 가족은 인사를 하려고 집에 왔다. 어린 손자들을 떠나보내는 서운함에 울컥울컥했는데 병으로 투병 중인 남편이 아들의 고별인사에 그만 울음을 터트렸다. 평소 강인하고 냉정하다고 느낀 남편은 아마 다시는 아들을 못 볼 것 같은 느낌이 들었나 보다. 병으로 마음도 많이 심약해 있기도 하다. 남편과 아들이 붙잡고 우는데 온 가족이 훌쩍거렸다. 그렇게 이별은 시작되었다.

작은아들은 자주 소식을 전해왔다.

"이제 비행기 타요. 미국 잘 도착했어요." "집은 2층 집이고 앞마당 뒷마당도 예뻐요."라며 사진을 함께 보내오기도 했다. 그렇게 자리 잡아가는 모습에서 위안이 되기도 했다. 글로벌 시대에 가족 누구 하나 외국에 나가 사는 것이 대수냐고 할 터이지만, 우환 중에 있는 집안 사정이 나를 불안하게 했다. 그때 나는 아들이 내 옆에 있어 주길 바랐다. 언제든지 달려올 수 있는 거리에 있길 바랐다.

좋은 소식만 왔을까. 한동안 소식이 뜸하다 했더니 온 식구가 코로나에 걸렸단다. 부모님이 걱정할까 봐 어느 정도 회복하고야 전화를 했다. 한인 의사가 하는 병원이 가까이 있어서 도움을 받는다니 다행이다. 살면서 가족들과 먼 곳의 이별은 처음이다.

그나마 다행이랄까 큰아들은 밥 먹듯이 해외 출장이 잦았는데 코로나 때문에 잠잠해진 것이다. 자주 집에 들러 동생 몫까지 하느라 애를 썼다. 두 아들 다 내 주변에 없다면 그 마음의 허전함을 어찌할 수가 있을까. 남편은 오랜 병중에 있고 간병하던 나는 때론 겁나고 힘들고 지쳐서 누군가에게 기대고 싶었다. 멀리에 살고 있는 일가친척들은 정말 어려울 때 이웃사촌만도 못한 것 같았다. 이래서 자식이 필요한가 보다.

어느 날은 미국에 간 작은아들이 너무 보고 싶어 작은 액자에 담긴 사진을 장롱 안에 숨겨버렸다. 스치듯 불쑥 떠오르는 그리움으로 가슴이 아렸다. 내 마음이 이러할진데 몸도 아픈 남편 마음은 어떨까. 그 생각에 슬픔이 밀려왔다. 변함없이 동이 트고 해가 지고 우리 부부는 하루하루를 살아내고 있었다. 계절은 겨울을 넘기고 꽃이 지천인 봄이 왔다. 하루에 3시간씩 방문하는 간병인 아줌마는 남편의 휠체어를 밀고 밖으로 산책을 다녔다. 병원 말고는 유일한 외출이었다.

이 코로나 시기에, 남편이 느닷없이 기침하기 시작했다. 저녁나절 열이 펄펄 오르고 몸이 쳐지는 것이었다. 119대원들은 지금 병원에 들어갈 수 있는 곳이 없다고 한다. 경기도 쪽 병원을 알아보는 중이었다. 코로나로 병원마다 환자도 만원이지만 선별검사실에서 코로나 검사를 하고 병원에 들어가야 하기에 적체되어 있다는 것이었다. 마침 집 근처 병원에 검사실 병실이 금방 비었다고 한다. 얼마나 다행인가.

격리 병실은 응급실 구석에 칸을 막아서 급조한 흔적이 역력했다. 남편은 침대가 있는 작은방에 나는 그 옆 또 다른 작은 방에 별도로 격리되었다. 코로나 검사를 하고 나서 7시간 후에나 결과가 나왔다. 자유가 소멸된 시간, 그곳은 소리도 움직임도 통제된 전염병 때문에 갇힌 감옥이었다.

병원을 방문하고 7시간 만에 응급실로, 응급실로 간 지 2시간 후, 새벽 4시가 되어서 병실에 입원하게 되었다. 병명은 흡인성 폐렴. 물이나 음식이 기도를 넘어가지 못하고 폐로 흡입이 되는 병이다. 남편의 병은 몸이 경직되는 특성이 있는데 그래서 온 증상 같았다. 폐에 염증이 생긴 것이다.

  잦은 기침과 가래와 열이 났다. 산소 포화도가 떨어져 산소 호흡기를 착용했다. 음식을 목으로 넘기지 못하자 기도를 연결하는 호수를 끼운다는 의사에 말에 나는 내일까지 보류해 달라고 말했다. 정말 그러고 싶은 마음이 조금도 없었다. 내가 남편을 도와줄 수 없는 안타까운 마음에 그냥 허깨비처럼 혼이 나갔다.

  보름을 입원 끝에 퇴원 명령을 받았다. 하지만 입안에는 호수를 끼고 몸 상태는 더 나빠졌다. 식사를 못 하니 액체로 된 영양식을 호수로 주입하게 되었다. 삼시 세끼 먹을 수 있는 일이 얼마나 대단하고 감사한 일인가. 노인들은, 더욱이 병자들은 어떤 계기로 급속도로 건강이 나빠지는 것 같았다. 어제도 멀쩡하던 사람이 이튿날 자리보존 하듯이 말이다.

  남편은 퇴원 일주일 만에 심정지로 생을 마쳤다. 나는 앞으로도 몇 년 더 살아있을 줄 알았다. 이때까지 끈질기게 버티어 왔으니.

  멀리 있는 작은 아들에게 아버지의 부고를 알렸다. 6개월 전, 출국할 때 울며 부둥켜안고 작별을 고한 것이 마지막이 되었다. 고인이 된 남편은 신부님의 미사 집전으로 영결식을 마친 후 선산에 모셨다.

  떠난 사람 자리에는 살아 있는 자의 삶의 몫이 남아 있다. 삶과 죽음이 교차하고 그 안에 고인에 대한 슬픔과 그리움만 짙어질 것이다.

  남편을 보낸 뒤, 나는 두 다리로 서 있지만 혼이 나간 사람 같았다. 책도 읽을 수 없고 텔레비전도 볼 수 없었다. 멈추어 버린 간병에서 갑자기 찾아온 여유가 오히려 견디기 힘들었다. 상실감, 쓸쓸함, 왠지 모를 으스스함, 텅 빈 허전함은 밀려드는 파도였다. 무언가에 홀린 듯 몸과 마음은 휘적휘적 걸어가는 허깨비였다.

내게 다가온 외로움은, 그 누구도 나의 10년 세월을 알지 못한다는 것이다. 누군가 같이 간병을 하고 힘든 과정을 세세하게 나눌 수 있었다면, 그나마 위로가 되었을까. 그동안 겪었던 심리적인 고통과 육체적인 피로감이 한꺼번에 몰려왔다. 진정으로 누군가 알아주어도 달라질 것은 없지만 마음속은 답답함에 꽉 막혔다. 남편을 집에서 성심껏 모시고 보내드렸다는 것에 만족할 뿐이었다.

유일한 소통의 창구는 하느님께 하는 푸념이었다. 어떤 하소연도 말없이 받아주시는 그분께 토로하는 것이다. 성당 기도회에 나가서 남편의 영혼을 위해 기도하고 내 내면의 상처들을 치유해 달라 기도했다. 나의 고통과 슬픔도 부드러운 손길로 쓰다듬어 주시는 듯했다. 그렇게 나는 조금씩 치유되어가고 있다.

나는 최근에 영정사진도 찍어 놨고 연명 의뢰서에 서명을 해두었다. 물건들도 하나둘씩 정리하고 있다. 좀 더 단순해지자. 가볍게 살다가 죽음이 닥치면 홀가분하게 가고 싶다. 나에게 그런 복을 주시라고 때때로 기도한다.

장마철

　올여름은 유난스럽게 덥다. 지구 온난화로 세계 각지에서 비정상적인 기상이변이 발생한단다. 그런 까닭도 한몫 하나 본데, 차라리 소나기가 한 줄금 쏟아지면 시원하겠다는 생각을 했는데, 마침 장마가 시작되었다. 하지만 무더위에 꿉꿉함 때문인지 불쾌함은 배가 된다.
　창밖에는 어둠이 내리고 빗줄기는 거세다. 휘두르는 채찍처럼 거칠게 창문을 때린다. 나는 저녁기도를 하려고 촛불을 켜려다 말고 멀뚱히 창밖을 내다보고 있다. 집안에 나 혼자 앉아 있다. 어둠과 빗소리에 젖어 내 자신도 적막하고 무거워지는 느낌이다. 외롭고 스산한 마음이 스며든다. 갑자기 걱정이 앞선다. 저녁 뉴스에 큰댁이 있는 고장에 폭우가 쏟아졌다는데 연로하신 시숙님과 형님은 괜찮으신지. 내일은 안부 전화라도 해봐야겠다.

  미국에도 기상이변으로 물난리에 허리케인, 산불로 연일 전파를 타는데 작은아들이 사는 곳은 어떤지 염려가 앞선다. 당장 카톡으로 연락을 해보니 아들이 사는 버지니아는 안전하단다. 천리만리 떨어진 곳에 안부를 금방 알 수 있으니 참 좋은 세상임이 틀림없다.

  먼 시간 전에 장마가 선명하게 떠오른다. 그해에도 비가 많이 왔던가 보다. 나는 그때 서울에서 학교에 다니는 동생들과 자취를 하고 있었다. 아버지가 계신 고향에도 비가 많이 온다는 뉴스를 접하고 전화를 자주 하던 중이었다. 고향의 강물은 장마가 오면 황톳물로 변해서 무섭게 흐르곤 했다. 다리 위에서 강물을 내려다보면 대교 수위가 얼마나 높은지에 따라서 장마의 정도를 가늠하곤 했다. 거친 물살에 따라서 각종 집기나 살림살이들이 떠내려오고 간혹 소나 돼지도 떠내려오곤 했다. 강가 주변에서 텐트를 치고 야영을 하던 젊은 청년들이 밤새 내린 폭우로 사고를 당하기도 했다.

  틈틈이 들려오는 뉴스는 중앙선 선로가 장마로 함몰되어 복구 중이라는 소식도 고향 동네가 물에 잠겼다는 소식도 들렸다. 아버지가 걱정되어 전화통을 붙잡고 시름을 하지만 전화마저 불통이다. 마음은 다급한데 어찌해 볼 수 없는 안타까움이란 말로 다 할 수 없다. 마침 중앙선이 복구되었단 말에 바로 기차를 타고 시골집으로 내려갔다.

  나중에 들을 수 있던 이야기는 이러했다. 동네 사람들은 예전보다 무섭게 차오르는 물을 피해 지대가 높은 윗동네로 피난을 갔단다. 아버지는 내가 이 터에서만 50년을 살고 있지만 한 번도 침수 피해를 입은 적이 없었다며 피난을 가지 않으셨다. 나중에 동네 청년들이 나룻배로 아버지를 실어 날랐다니.

아버지는 윗동네에 방 한 칸을 얻어서 피난살이를 하고 계셨다. 그 집에서 식사까지 해결하고 계셔서 안심이 되었다. 방 한 칸에 머물 수도 없고 아무것도 해드릴 수 없어 아버지 얼굴만 뵙고 다시 서울로 와야만 했다. 그나마 방 한 칸도 얻지 못한 사람들은 학교 교실에서 생활하고 있었다. 내가 고향에 간 날은 마침 날씨가 개어서 많은 사람이 대로변에서 옷가지나 이불들을 말리느라 부산했다. 자연재해 앞에 인간의 무력함을 고스란히 드러낸 것이다.

그때 아버지는 친정어머니를 하늘로 보내신 지 햇수로 3년이 되는 시기다. 시집간 작은 언니가 친정집을 들락거리며 아버지를 보필하고 있었다. 나는 그 허전하고 쓸쓸하고 외로움에 젖어계셨을 아버지의 마음을 깊이 느끼진 못했다. 아직 젊다고 할 수 있는 50대 중반에 부인을 심장마비로 잃으신 아버지의 당혹스러움은 무엇에 비길까. 인생길에는 햇볕 드는 날도, 궂은 날도 있으련만 아버지에게는 황톳물이 범람하는 장마철이었으리라. 아버지의 심정이 이제야 북받치게 다가오는 건 내게 다가온 남편의 죽음이다.

10년을 앓다가 하늘로 떠나보낸 남편. 나이 들어 만나는 병은 어찌

할 수 없다지만, 긴 병으로 고생하는 당사자와 그 모습을 지켜보며 간병하던 나는 다른 병을 앓고 있다는 느낌이었다. 아파서 고생하는 사람을 붙잡고 병원 순례가 일상이요, 급하면 구급차에 실려 응급실로 내달렸다. 그때는 환자가 급하니 나를 돌아보는 건 사치였다. 평소 입맛이 까다롭고 깐깐한 남편이 섭생이 안 좋을까 봐 더 신경이 쓰였다. 응급실로 가면 각종 검사부터 하는데 의사들은 할아버지가 영양 상태가 좋다고 했다. 그런데 이런 와상 환자를 어떻게 집에서 모시느냐고 의아한 듯 묻는다. 나는 코로나 상태를 뚫고 병원 응급실까지 들어오는 기다림과 까다로운 절차에 이미 녹초가 되어 귀가 먹먹할 뿐이었다.

늘 나를 믿어주고 협조해주었던 남편, 가정적이고 성실했던 남편, 당신 몸이 아프니 나를 더 의지하고 기대는 것 같았다. 하긴 누굴 믿겠는가. 두 사람이 살다가 한 사람이 병이 났으니. 아들이 둘이 있다지만 직장일 만도 제 코가 석 자이다. 또 이 힘든 간병을 누군가에게 맡기고 싶지도 않았다. 나 혼자만 겪는 것이 오히려 다행이란 생각도 들었다. 나도 노인인데 노노 간병을 하는 케이스이다.

창밖을 적시는 저 세찬 장마 빗줄기처럼 힘든 시간의 연속이었다. 그나마 남편은 치매 없이 맑은 정신을 끝까지 유지하다가 돌아가셨다. 파킨슨 치매도 온다 해서 걱정이었다. 요양원 아닌 집에서 정성껏 간병받으며 보내드릴 수 있었다. 내 힘도 많이 소진되어 비척거렸는데 다른 탈 안 나고 그런대로 잘 견뎌내서 다행이었다.

길에서 만나는 노인들은 허리가 휘고 다리를 절룩거리거나 작은 보조기를 끌거나 한다. 나 역시 여든이 가까워지는 노인, 이곳저곳이 고장 나서 치료 중이다.

  그래도 감사하다. 걸을 수 있어서 감사하고, 맑은 하늘을 올려다볼 수 있어서, 푸른 나뭇잎, 예쁜 꽃들을 바라볼 수 있어서 감사하다. 그중 제일은 내 아들들, 귀여운 손자 손녀 보물 같은 그들이 있어서 행복하다. 내가 아프면 누가 간병해 줄까, 그런 걱정은 뒤로 미룬다. 장마철을 보내고 맑은 날 살기도 바쁠 테니까.

  남편은 그동안 고생 많았다. 잘 살다 오라고 손 흔들며 웃어주는 듯하다.

괜찮다

　내 잇몸 양쪽으로 볼록하게 덧니가 났다. 영구치가 나올 무렵인지 아니면 나오고 나서였는지 웃으면 덧니부터 도드라져 보였다. 어린 시절이라 그 모습이 신경 쓰이지 않았다. 놀기에도 바빴으니까. 나중에 우연히 알게 되었는데 드라큘라 이가 끝이 뾰족하니 그렇게 생겼단다.
　어느 날 아버지는 안채로 오셔서 "오늘 네 덧니 빼자." 하시며 내 손을 잡고 병원 치료실로 데려가셨다. 큰소리로 야단을 치시거나 손찌검 한 번 안 하시고, 늘 조근조근 타일러 주시던 아버지, 그렇다고 안아주시고 업어주시는 다정한 아버지도 아니다. 그저 엄한 아버지가 어려워서 감히 떼 한 번 쓰지도 못하고 치료실로 따라갔다.
　까치발을 하곤 창문 너머로 아버지가 환자들의 상처를 치료하는 모습을 자주 보았다. 그래서 웬만한 상처는 겁도 없이 혼자 소독약을 쓱쓱 바르곤 했는데, 이 빼자는 말에는 잔뜩 겁이 났다. 겁난 내 표정을 보시고 아버지는,

"괜찮다. 조금만 참으면 금방 끝난다. 덧니를 빼면 웃을 때 예쁠 거란다." 하셨다.

집게로 이를 뺄 때 마취를 했는지, 아팠는지의 기억은 안 난다. 단지 어깨를 두들겨 주시며 다정하게 달래주시던 아버지 말씀만 선명하게 떠오른다.

덧니 이후로 처음 치과에 가게 된 것은 그 사고가 난 후였다. 그날은 아들의 운동회 날이었다. 하늘은 맑고 햇빛은 찬란하고 새털구름은 유유자적 떠다니는 최고의 날씨였다. 운동회 연습을 하느라 새까매진 아들의 얼굴에는 건강한 웃음이 넘쳤다. 한 손에는 김밥과 간식을, 한 손에는 네 살 터울 작은 녀석 손을 잡고 운동장으로 들어서니 초반인데도 벌써 열기가 후끈했다. 안내 방송 마이크의 소음 '이겨라' 외치는 응원 소리, 출발을 알리는 총소리 등이 매캐한 흙먼지 냄새와 어우러져 있었다.

2학년인 아들의 좌석으로 찾아갔다. 근처 나무 그늘에 자리를 잡았다. 게임이나 율동은 계속 이어지고 한참이 흐른 뒤였다. 다음은 2학년 학부모 달리기 순서이니 학부모님들은 준비해 달라는 방송이었다. 옆에 같이 앉아 있던 학부모들이 얼른 나가라며 내 등을 밀었다.

나는 달리기 출발선 앞에 섰다. '땅' 소리가 울리자 쏜살같이 앞으로 내달렸다. 3등으로 달리다 2등이 되었다. 저만치 쟁반에 놓인 사탕을

뒷짐 지고 입으로 물어 도착점에 다다르면 된다. 잘하면 1등도 욕심내 볼 만했다. 얼른 사탕 하나를 입에 물고 고개를 확 드는 순간, 나는 누군가와 탁 부딪쳐 둔중한 아픔이 입에 전해왔다. 그 순간도 잠시, 다시 뛰었다. 골인해서 보니 입안에서는 찝찔한 맛의 이물질과 볼이 부어올라 팽창감이 들었다. 그리고 바람 든 무처럼 허전했다. 나는 짐을 챙겨 가까이 있는 집으로 돌아왔다. 거울을 봤다. 어머! 앞니 하나의 반쪽이 떨어져 나갔고 핏물이 가득 고여 있었다. 옆 사람과 '탁' 부딪치면서 입안에 물고 있던 사탕이 이를 강타한 것이다. 입술은 꽈리처럼 부풀어 올랐다. 내가 봐도 참 희한한 꼴이다.

그날 밤 너무 속상해서 잠을 설쳤다. 치과를 다녀왔지만 부러진 이는 입안 상처가 아문 뒤에 임시 치아를 해야 하고 다시 본을 떠서 덧씌워야 한단다. 시일이 꽤 걸려야 되는 치료다. 미안하단 한 마디라도 해주었으면 좋았을 텐데. 가해자 학부형은 입 쓱 씻고 그만이다. 나중에 소문이 아름아름 나자 내가 속해있던 학교 학부모 임원회에서 다녀가고, 차 한 잔 마시며 자주 대화를 나누던 동네 친구들은 문병 차 자주 들락거렸다.

손으로 입을 가리고 말을 하자니 여간 불편한 게 아니었다. 손과 입의 역할이 다른데 한 손을 입에다 대고 있으니 갑갑증이 났다. 문병객들은 어쩌다 내가 손을 내리고 얘기를 할라치면 깔깔대고 웃는 게 아닌가. "어쩌니, 속상할 텐데, 그런데 꼭 영구 같다고." 그때 바보 영구 코미디프로가 한창 유행이었다. 골목 꼬마들은 바보 영구 흉내를 내며

'띠 띠디'라는 이상한 소리를 내며 다니곤 했다. 슬픈 피에로처럼 친구들 따라 같이 웃다가도 우울감이 밀려오곤 했다. 앞니 하나 부러지고 하필이면 바보 영구 역을 맡을 줄이야.

치과 의자에 누워 마취되길 기다리며 갖은 상념들로 복잡했다. '그날은 일진이 안 좋았나 보다.' '이만하길 다행으로 알아야지.' 이렇게 생각하다가도 '이게 무슨 날벼락이람.' 하고 울컥 눈물이 돌곤 했다. 그때는 한창 외모에 신경 쓸 삼십 대 아니던가. 나는 미소를 잃어버린 사람이 되어갔다.

의사는 내 이를 기계로 드르륵 갈고, 칙칙 물을 뿌리고, 바늘로 쑤셨다. 보통 스트레스가 아니다. 치료가 어서 빨리 끝나기 기다리는데, 그때 까맣게 잊고 있었던 어릴 때 덧니를 빼던 기억이 불현듯 떠올랐다. 공포에 잔뜩 질려 겁먹은 내게 아버지는,

"성옥아, 괜찮다." "조금 참으면 곧 끝난다." "덧니를 빼면 웃을 때 예뻐질 거야." 예뻐진다는 말이 효과가 있었을까. 그랬다. 아버지는 내 곁에서 늘 위로해주시며 용기를 주고 계셨다. 나는 이제야 그 음성을 떠올리며 힘을 얻는 것이다.

그 사건 이후, 나는 어렵거나 힘들 때, 살면서 예기치 않게 아프거나 다칠 때, 실수나 손실로 안타까워할 때면, 아버지의 따스한 손길과 음성을 떠올리곤 했다. 그러면서 다시 힘을 내곤 했다.

살아가면서 누군가의 진정한 위로가 얼마나 많은 용기와 힘을 주던지. 나는 요즘 또 위로가 필요한 시기인가 보다. 이젠 덧니도 없고 입을

가리고 웃어야 할 일도 없는데 자꾸 웃음을 잃어가려 한다. 잘 웃던 내 겐 어울리지 않는다. '때론 힘들어 지칠 때도 있는 거야. 곧 괜찮아질 거 야.' 힘내라 하는 아버지의 위로 말씀이 들리는 듯하다.

   나는 다시 활짝 웃을 수 있을 것만 같다.

변곡점

취업을 못 한 젊은이들이 부지기수不知其數라고 합니다. 이런 신문기사를 접할 때면 나는 왜? 두꺼운 얼음장으로 변한 겨울 강을 떠올리게 될까요. 얼음 밑에선 물고기들이 시베리아 같은 추위와 사투를 벌이며 봄이 오길 애타게 기다릴 것만 같아요.

내 어린 시절, 우리 집은 강가 근처에 있었습니다. 새벽이면 두런두런 강물의 속삭임에 잠이 깨고 뽀얀 안개 너울대는 아침 강가에 서서 몽롱한 신비에 젖곤 했습니다. 푸른 강물 위로 물고기의 은빛 수중발레가 펼쳐지고 햇볕 내리쬐는 맑은 강물을 헤엄치는 송사리 떼는 제 속살을 말갛게 내비치며 제법 요염한 율동을 하지요.

세상은 젊은이들의 넓은 강이 아닌가요. 물 만난 고기처럼 맘껏 포부를 넓히고 미래를 계획하는 무대잖아요. 대학을 졸업하면 인생 초년생으로 직장을 잡고, 결혼하고, 자식을 낳고 이런 순서가 자연의 법칙을 거스르지 않는 것일 텐데, 현실은 어두운 밤이네요. 졸업을 미루고 5년 6년씩 대학을 다니는 것은 다반사요, 외국어에 각종 자격증에 스펙을 쌓는다나 뭐라나 시간과 돈을 들인다고 해요. 다 취업 때문이라는데, 본인은 물론 늙은 부모의 한숨 소리가 들리는 것만 같아요.

직접 겪어봐야 남의 아픔도 보인다더니 제가 꼭 그 지경이 되었지 뭐예요. 지난가을 큰아들 회사가 공중분해 되었어요. 이런 표현이 맞는지 모르겠지만 본사에서 계열사를 합병시킨 겁니다. 희망자에 한해 영업직에 편입시키겠다고 했다니 가당키나 한가요. 대부분 공학도인 연구원들의 적성에 맞을 리 없을 테고 여태 쌓아온 노하우에 자존심도 허락하지 않았을 겁니다. 그렇게 아들은 실업자가 되었어요. 경제도 안 좋고 취업은 '하늘의 별 따기'라고 하는 이때에.

하루아침에 실업자가 되었다는 아들 소식에 내 어깨는 힘이 축 처져 자꾸자꾸 땅속으로 꺼져가요. 재미있는 것도 가고 싶은 곳도 없었으니. 자식의 어려움을 바라보는 내 가슴은 둔중한 돌덩이로 무거웠어요. 누군가 그러데요. 이웃 나라에 지진이 나고 쓰나미가 덮쳐도 당장 지독한 독감에 걸린 내가 더 심각하다고요. 자식의 어려움은 부모에게 독감이 아니라 쓰나미랍니다.

아직 젊어서 어린아이들 키울 때만 해도 그저 어서 크기만 해라고 했지요. 나이가 들면 사는 것도 수월해 지리라 믿었죠. 얼마나 순진한 생각인지요. 산다는 건 산을 넘고 강을 건너는 변곡점이 늘 따르는데, 지금 아들은 앞에 놓인 강을 헤엄쳐 뭍으로 오르려 애를 쓰네요.

남편은 공직에서 30년 넘게 근무를 하다 정년 몇 년 남겨두고 희망퇴직을 했습니다. 요리조리 재보고 희망퇴직을 하고도 얼마간 퇴직 병을 앓더라고요. 무너진 생활 패턴에 적응하기 힘들어했어요. 괜히 아픈 데도 생기고 답답해하고 허전해했지요. 왜 안 그렇겠어요. 그런데 한참 젊은 아들이야 오죽하겠어요.

어쩌다 마주치면 아들의 얼굴은 목이 마른 화초처럼 건조해 보여요. 엄마 앞에서 애써 표정 관리하려 웃는 모습도 왠지 쓸쓸해요. 하지만 강인하고 허튼 구석이 없는 아들이라 잘 될 거라는 믿음은 있었지요.

어느 날 전화선을 타고 들려오는 가라앉은 아들의 목소리에 나는 대뜸 콩닥콩닥 가슴부터 뛰었어요. 행여나 건강을 해치면 어쩌나. 내가 걱정을 하면 오히려 회사 다닐 때보다 더 피곤해서 그런다나요. 아침 일찍 학원에서 영어 회화를 배우고 도서관에서 전공 분야를 다시 들여다보고 취업 정보도 두루 살피는 눈치였어요.

워낙 말수가 적은 아이라 내가 뭘 물어봐도 시원하게 대답을 안 해요. 조심스레 떠보면 어느 날은 대기업 최종 면접을 보고 결과를 기다린다고도 하고 H 사의 2차 면접 끝내고 다음 면접 날짜가 잡혔다고도 했어요. 그럴 때는 아들의 목소리도 윤기가 흐르는 거예요. 서너 곳 회사의 최종 결과를 기다리고 있으니 한 군데는 되겠지 했네요.

나무 꼭대기까지 올라갔다가 떨어진 마음은 퍼런 멍이 들고 더 아프겠지요. 직원 한두 사람 뽑기를 추리고 추리는 것 같았어요. 일전에 S 대학 직원 한 명을 뽑는데 백 명이 훨씬 넘는 인원이 지원했다죠. 그것도 석 박사에 대기업 회사원들도 수두룩했대요. 그러니 취업이 바늘구멍 아니고 뭐겠어요.

몇 번의 고배를 마신 그즈음 아들의 목소리가 작아지는 듯했어요. 이 겨울 추위가 아들에겐 더 매섭게 느껴질 테죠. 혹시 취업이 늦어지면 어쩌나 해서인지 아들은 살던 아파트를 전세 놓고 조금 작은 평수로 이사를 하고 지출이 될 만한 것들을 매몰차게 줄여가는 거예요. 실업의 압박감이 현실로 되어 갔어요. 퇴직금도 타고 일 년 치 연봉도 미리 받고 실업수당도 있으니 아직 그리 서두르지 않아도 될 터인데.

실직한 지 꼭 오 개월 만에 아들은 드디어 취업했습니다. 몇십대 일이라는 대기업에 되었네요. 정신없이 바쁘게 보낸 아들보다 지켜보는 나는 꼭 5년의 시간을 보낸 것 같았어요. 은근히 신경을 써서인지 푹푹 늙는 것 같았지요. 하지만 늙어가는 사람 늙는 거야 뭐 대수이겠어요.

새 회사의 입사를 앞두고 아들은 호주로 여행을 떠났답니다. 기술 이민을 간 동료도 만나보고 온답니다. 여행지에서 내게 문자를 보냈어요. 호주의 청정한 아름다운 자연, 동료의 느슨하고 여유로운 회사생활 등의 내용이지요. 그곳 생활도 나름대로 어려운 점은 있겠지만, 취직했어도 일에 파묻혀 살아야 할 현실이 기다리고 있으니. 아들도 호주로 이민 가고 싶은 생각이 든다나요. 더 큰물에서 놀고 싶은 생각도 들겠죠.

다른 직장으로 이직은 그 스트레스가 만만치 않다고 하네요. 아들이 한고비는 넘겼다지만 노파심에서인지 내 마음은 여전히 겨울입니다. 아들 인생에서 넘어가야 할 산이 산책하기 좋은 코스이기만 빌지요. 이제 엄마로서 해줄 수 있는 것은 기도밖에 없으니.

내 친구는 갈 수만 있다면 다시 젊음으로 돌아가고 싶대요. 전들 왜 젊음이 부럽지 않겠어요. 하지만 그냥 지금 이 나이가 좋습니다. 젊음이 치러야 할 대가가 두려워요. 되돌아보면 지금까지 나름 평탄하게 살아온 게 얼마나 감사한지요.

취업을 준비하는 청년들, 실직자들.

그들에게도 해빙기는 오겠죠. 강물이 마르지 않고 연연히 흐르듯 그들의 희망도 언젠가 이루어질 겁니다. 물 만난 물고기들은 강줄기를 따라 넓은 바다에 이르고 푸른 파도를 탈 것입니다. 세상이란 너른 바다에서 헤엄치는 한 마리의 싱싱한 물고기가 되겠지요.

강물처럼 할머니처럼

저녁나절 산책을 나섰다. 내가 사는 아파트 후문을 벗어나면 바로 기다란 공원이 있다. 아파트라는 거대한 시멘트 숲속에 오아시스 같은 푸른 자연의 숲이 존재하는 것이다. 이 공원을 나는, 나의 정원이라 부른다. 막힌 숨을 뚫어주는 휴식의 공간이다.

여느 때와 같이 공원 한 바퀴를 돌 때였다. 어디선가 새로운 소리가 들려왔다. 낯선 소리다. 비둘기의 못난 울음소리와 새소리, '까악' 까마귀의 음침한 소리가 가끔 들리던 곳인데. 새 식구가 왔나 보다. 소리의 진원지는 작은 인공 연못이다. 작은 연못 주변으로 수초와 노란 창포꽃이 피어있고 토끼풀 흰 꽃들이 다보록하다. 아침 햇살을 받으며 수련들도 꽃잎을 벙끗인다.

연못 위에서 작은 파장이 일더니 '개골개골' 대는 합창이 이어졌다. 개구리다. 개구리들의 화음으로 봐선 대여섯 마리 정도 되는 것 같다. 작고 아기자기한 이 연못이 마음에 들었을까? 복잡한 곳을 피해 개구리 가족이 피신이라도 온 것인가.

개구리 소리는 잠재된 내 의식을 깨우는 서곡이 되었다. 어떻게 이 작은 연못까지 찾아오게 된 건지, 식구들은 몇 명이나 되는지, 언제까지 머무를 예정인지, 그 옛날 내 고향 강가에서 울던 개구리를 혹시 알고 있는지, 나는 내 마음의 시선으로 개구리에게 말을 걸고 싶었다.

내 고향은 강가 마을이다. 새벽이면 안개에 싸이는 작은 마을. 팬터마임을 하듯 안개는 무언의 춤을 추다 흩어진다. 졸졸졸 흐르는 강물 소리가 새벽을 깨우면, 두런두런 마을도 잠에서 깨어난다. 엎어지면 바로 코앞인 거리에 강이 있다. 마을 사람들은 습관처럼 강으로 간다. 양철 물지게를 어깨에 지고 식수를 길러가고, 야채를 씻으러 가고, 세수하러 가고, 철부지 어린것들은 그저 시도 때도 없이 강가로 내달린다.

강으로 가는 길은 맨발로 걸어도 좋을 좁고 부드러운 흙길이다. 그 흙길 양편은 밭인데, 계절마다 다른 채소들이 심어진다. 무나 배추, 또는 들깨밭이 되기도 한다. 예기치 않게 만나는 푸르뎅뎅한 깻몽아지. 꿈틀! 깻몽아지를 주워 여자애들에게 집어 던지던 짓궂은 사내아이들. 고무신을 집어 들고 '나 살려라' 도망치던 생각에 즐거워진다.

강으로 가는 길 끝에 둔덕이 있다. 둔덕에서 숨을 고른 뒤 내리막길로 내려간다. 둔덕을 내려서면 자갈들이 펼쳐있다. 울퉁불퉁한 자갈은

밟으면 발바닥이 아픈듯하면서도 시원하다. 그 자갈밭을 지나서야 강물에 이른다. 강가에 서면 청량한 물소리와 비릿한 강 냄새가 와락 달려든다. 더 푸르고 차가운 새벽 강물. 세수하려고 고개를 숙이면 거꾸로 펼쳐진 하늘도 강물 빛이다. 키다리 미루나무 사이로 햇살이 퍼지면 물고기의 지느러미를 닮은 은빛이 강 위를 수놓는다.

봄이면 강가의 단골손님은 개구리다. 어린 청개구리와 어른 개구리 그리고 갈색 피부의 몸집이 다소 큰 두꺼비들이 풀밭을 누빈다. 사내아이들은 개구리를 잡아 풀줄기에 꿰어 메고 다녔다. 아이들 간식거리로 희생된 불쌍한 개구리들. 회색빛으로 내려앉은 어두운 하늘, 그런 날이면 개구리는 더 자지러지게 울었다. 분명, 그 소리에 높낮이가 있어 화음을 이룬 합창대 같았다. 개골 소리에 화답이라도 하듯 봄비는 소리 없이 내렸다.

외할머니는 개구리 소리를 벗 삼아, 우리에게 청개구리 얘기를 해주셨다. 말썽쟁이 어린 청개구리는 무엇이든지 반대로만 하는 심술꾸러기였다. 오죽하면 개구리 엄마는 죽으면서 산에 묻지 말고 강가에 묻어 달라는 유언을 했을까. 청개구리가 반드시 거꾸로 할 것이라는 생각을 하면서.

외할머니는 서울 큰외삼촌댁에 사셨다. 이층집이지만 여러 식구 탓에 할머니 방은 부엌에 딸린 작은 방이었다. 그곳에서 식모 아이와 한 방을 쓰셨다. 내 어린 눈에도 그때의 외할머니는 늘 풀이 죽어 보였다. 집안에 주도권은 외삼촌도 아니고 호랑이라는 별명의 외숙모였다. 큰

아들 집에 얹혀살던 할머니의 탈출구는 시골 딸네 집이었다.

여름이 되면 우리 집은 친척들의 피서지가 되었는데, 할머니도 대부분의 여름철을 우리 집에서 보내고 가셨다. 아마 일 년의 반 이상을 살다 가신 것 같다. 서울 작은 부엌방에서 존재감 없이 지내시던 할머니는 시골에서는 화색이 도셨다. 딸의 정성 어린 보살핌과 주의를 둘러싼 푸른 강과 산, 텃밭의 싱싱한 채소들과 맑은 공기 등 자연적인 환경에 흡족하셨을 테다. 아직 어린 우리 형제들은 할머니가 해주시는 옛날얘기에 푹 빠져 지냈다.

예전에 할머니처럼, 내게도 지금 탈출구가 필요하다. 지친 심신을 잠시라도 쉬었다 올 곳이 있다면 좋겠다. 할머니의 나이만큼 늙어버린 나는 남편의 병 바라지를 하고 있다. 백세시대라는 현대의 자화상인지, 아픈 노인과 그 노인을 간병하는 노인, 노노세대는 늘어만 간다. 나의 청각을 깨우고 있는, 저 개구리 소리는 변치 않고 아직도 여전한데.

가만히 개구리 소리에 집중하다 보니, 강가에서 성장해온 푸른 시간들이 그리워진다. 하루가 다르게 옥수수 대처럼 키가 커가고, 어느 날 바람에 휘청이는 미루나무를 유심히 바라보거나, 하릴없이 묶여있는 낡은 나룻배 한 척이 외로워 보인다. 가슴에서는 톡톡 튀는 작은 물방울 같은 울렁임이 일 때, 나는 철부지 어린아이를 벗어나 사춘기 소녀로 향하고 있었다.

세월은 흐르는 강물처럼 내 시간들도 앗아가 버렸다. 하지만 내 마음속 고향의 강물은 나이도 먹지 않고 마르지도 않는다. 녹음기의 다시 듣기 기능처럼 언제나 시간을 거슬러 다시 흐르게 할 수 있다.

잠시 눈을 감으면, 아버지 손을 잡고 걷던 강가가 떠오른다. 내 키에 맞추느라 살짝 숙인 아버지의 어깨, 나는 주머니 가득 예쁜 돌을 주워 넣어 축 처진 옷자락을 끌어안았다. 사방치기 할 때 쓸 돌, 공기놀이할 때 쓸 돌들이다. 걸음이 뒤처진 나를 기다리시느라 뒤돌아선 아버지의 얼굴에도 붉은 노을이 내렸다.

개구리 우는 연못가에 서서, 나는 감동적인 영화 한 편을 본 것만 같았다. 암만 돌려봐도 싫증 안 나는 옛날 명화 한 편을. 그 스토리와 장면 장면을 떠올리며 감동에 푹 젖어 마음이 말랑말랑하게 치유되는 느낌을 받았다. 연못 안 개구리 소리는 점점 잦아들고 있다. 원 없이 실컷 울다 지쳐서, 이젠 쉬고 싶은가 보다.

현재를 멈출 수도, 늦출 수도 없는 흐르는 길 위에서, 오늘도 나는, 나의 시간을 강물처럼 말없이 흘려보낸다.

고무신

 종로5가 지하철역 입구로 들어선다. 지하상가에는 한복집들이 즐비하다. 쇼윈도에 진열된 한복들은 금방이라도 날아오르려는 잠자리의 날개처럼 가벼워 보인다. 화려한 색채와 유연하게 흐르는 둥근 선의 매력에 끌려 나의 발걸음은 점점 느려진다.

 몇 집을 지나치니 이번에는 고무신 가게 앞이다. 각양각색의 무늬로 앞 코를 장식한 고무신과 뒤축을 높인 신식 고무신이 대부분이다. 그 모양은 화려한 데 왠지 낯설다. 성형수술을 한 얼굴에 진한 화장으로 멋을 낸 미인을 보는 느낌이랄까.

 신기한 듯 신식 고무신을 만져 본다. 그때 선반 맨 아래 칸 구석에 비닐봉지에 쌓인 하얀 고무신이 보인다. 화려한 고무신에 밀려 초라한 모습이다. 내 어릴 적, 할머니와 어머니가 오이씨 같은 버선에 받쳐 신으시면 백옥 같던 고무신이었는데.

나는 잊고 지냈던 오래된 흑백 가족사진 한 장을 떠올린다. 사진 속의 어린 소녀는 단발머리에 흰 저고리, 검정 깡동치마에 남자 고무신을 신고 있었다. 사진 찍기가 어색한지 두 눈은 살짝 찡그렸다. 내 어릴 적 모습이다. 언제부턴가 내 고무신은 여자 고무신으로 바뀌었고 그때의 추억들은 아직도 생생하다.

오일장이 서는 날, 엄마의 치맛자락을 붙잡고 졸라서 산 새 꽃신에서는 석유 냄새와 비린내가 났다. 그 냄새도 마냥 좋아서 킁킁거리며 코를 들이대곤 했다. 설날에 입을 호박단 노랑 저고리에 빨간 치마 설빔과 함께 신으려고 아껴두고 매일 꺼내만 보았다. 그 꽃신에는 앙증맞게 꽃들이 지천으로 피었다.

맨발에 고무신을 신으면 야들야들하고 보드라운 감촉이 전해져왔다. 한걸음에 동네 어귀로 내달려서 느티나무 아래 빈터에 이를 때쯤이면, 친구들의 고무줄놀이가 한창이었다. 폴짝폴짝 한참을 뛰다 보면 고무신은 어느새 땀으로 젖어 미끈거렸고 찌그럭거리는 소리를 냈다. 그런 날이면 허공을 향해 고무신을 냅다 벗어 던지고 맨발로 고무줄을 넘나들었다. 집으로 돌아와 흙으로 범벅이 된 고무신을 수세미로 싹싹 닦아서 마루 끝에 걸치면 붉은 노을은 서쪽 하늘을 물들였다.

가끔 빨래 가시는 어머니를 따라 강가에 이르러서는 고무신을 벗어 들고 맨발로 자갈 밟기를 즐겼다. 햇볕에 달구어진 뜨거운 돌들을 밟으려면 양쪽 발을 번갈아 앙감질을 해야 했다. 투명한 강물 속엔 송사리 떼가 어지럽게 헤엄을 쳤다. 나는 고무신 한 짝에 송사리 몇 마리를 잡아 가두고 한 짝에는 다슬기를 잡아 가득 채우기도 했다.

이따금 누구 고무신이 강물에 빨리 떠내려가는지 친구들과 내기를 하곤 했는데, 어느 날 빠른 물살에 고무신 한 짝을 잃어버리고 말았다. 맨발로 집에 돌아오면서 고개는 자꾸 강가로 향했다. 떠내러 가다가 어느 돌 틈에 걸려 나를 기다리고 있을 것만 같아서이다.

집이 가까워지자 고무신 한 짝을 잃어버린 서운함보다 어머니께 야단맞을 걱정이 앞섰다. 뒷문으로 살금살금 들어가 우물에서 발을 닦고 방으로 들어갔다. 시치미를 뚝 떼고 하룻밤을 자고 난 다음 날 아침, 마루 밑에 놓였던 헌 고무신을 꺼냈다. 거미줄에 흙먼지도 수북했다. 발가락이 삐져나오는 헌 고무신을 댓돌에 탁탁 내리쳐 먼지를 털고 신고 다녔다. 반나절도 못되어 어머니께 들켜버렸다. 어머니는 "왜? 멀쩡한 고무신을 놔두고 찢어진 고무신을 신고 다니느냐"고 했다. 그제야 나는 어제 강에서 신발 한 짝을 잃어버렸다고 했다. 야단치실 줄 알았던 어머니는 아무 소리 없이 방으로 들어가셨다. 조금 후, 어머니는 "장에 가자"며 나를 부르셨다. 나는 어머니 손을 잡고 고무신 가게로 향했다. 새 신을 신고 집으로 돌아오면서 잃어버린 신발 한 짝은 이미 내 안중에 없었다. 새 신을 내려다보느라 고개가 자꾸 땅으로 향했다.

내가 어렸을 때, 우리 집 댓돌 위에는 가족들의 고무신이 옹기종기 놓여 있었다. 어쩌다 삐뚤게 놓인 고무신 사이에 아버지의 새하얀 고무신이 있기라도 하면 행여나 밟을까 실수로 넘기라도 할까 조심했다. 가장의 권위가 살아있고 형제들 간의 정도 두터웠다. 돌이켜보면 고무신을 신었던 때가 참 행복했다.

  나는 서둘러 고무신 가게 앞을 떠나 지하철을 타러 갔다. 그 안에는 사람들로 붐볐다. 수많은 발에 신겨진 각양각색의 구두, 운동화들, 그 중에서 고무신은 찾아볼 수 없다. 지하철의 속도만큼이나 빠르게 지나온 세월이 느껴진다.

  빈자리에 앉아 두 눈을 지그시 감으니, 고향의 푸른 강물이 일렁인다. 나는 단발머리에 깡동치마 소녀로 돌아간다. 흐르는 강물에 하얀 고무신을 담그고, 손에 힘을 주어 암팡지게도 닦는다.

가족사진

 사진첩 속에 조그만 흑백사진 한 장을 꺼낸다. 색깔은 누렇게 퇴색해서 희미하다. 옛날 대청마루 벽에 자랑스럽게 걸렸던 사진, 아마 그중에 하나일 것이다. 그때는 그 액자를 '사진가꾸'라고 불렀다. 사진이 귀했던 시절 '사진가꾸'는 그 집안의 자랑이었다.

 사진 속 부모님은 한복을 차려입으셨다. 매무새를 보면 꽤 공을 들이신 듯하다. 돌 무렵의 막내 남동생은 색동저고리에 조끼, 복건까지 썼다. 딸만 넷을 내리 낳고 어렵사리 얻은 외아들. 귀한 아들을 안고 있는 어머니와 아버지의 표정에서 흐뭇함이 묻어난다. 그 의자 주위로 네 딸이 들러리처럼 서 있다. 하나같이 앞머리를 일자로 자른 단발머리다. 저고리에 깡동치마 차림인데 무늬가 놓여 있다. 워낙 오래되고 흑백사진이라서 색깔이 선명치 않다. 단지 옷고름이 길다는 것과 고무신 차림이다. 그중의 하나가 나인데 검정 고무신을 신은 것 같다. 사내 동생 봤다고 귀여움을 받던 내 밑의 여동생은 눈을 살짝 감았다. 아버지는 비로소 완벽하게 구색을 갖춘 가족이 된 듯, 가족사진을 찍으셨다.

아마 돌잔치 즈음해서 미리 가족사진을 찍으셨나 보다. 1950년대, 시골 구석진 마을에 사진관이 있을 리 없다. 멀리서 출장 사진사를 불렀을 것이다. 하긴 외아들 돌잔칫날, 서울에서 경전(지금의 한전)에 다니시던 외삼촌은 색소폰 연주자를 대동해서 오셨다. 꽹과리 소리에 익숙한 시골 동네에 난데없이 '붕붕 빵빵' 색소폰 소리 울려대며 마을 잔치를 크게 벌였으니 사진사 부르는 것쯤이야.

그때 기억은 잘 나지 않지만, 친척들에게 들어왔던 이야기로 상상의 나래를 펴본다. 며칠 전부터 부엌에선 음식 하느라 기름 냄새 풍기고 동네 아낙들이 꽤 분주히 오갔을 것이다. 나는 치맛자락 날리며 부엌에서 떡이나 부침개 조각을 얻어다 친구들에게 날라다 주기에 신났을 것 같다.

가족사진 한번 찍으려 얼마나 벼르고 별렀을까. 어머니는 아버지가 입으실 한복을 손질하시랴 밤잠을 설치셨을 것이다. 설 무렵이면 밤새 우리 한복을 지으시던 어머니의 모습이 생각난다. 부지런히 화로 속에 인두를 꺼내 다림질을 하시던 모습. 외아들의 한복도 그리 지으셨겠지. 네 딸의 앞머리는 누가 잘라주었을까?

마침내 날을 잡아서 사진을 찍던 날은 무슨 축제일 같았겠다. 지금처럼 마음만 먹으면 스마트폰으로 순간의 모습들을 마음껏 찍을 수 있는 시대도 아니었고, 처음 찍는 가족사진으로 긴장되고 분주했으리라. 우리는 혈연이라는 도장을 꽉 찍듯 가족사진을 찍었을 텐데. "자, 여기를 보세요." 하며 매캐한 냄새와 펑 소리를 내며 터지던 플래시, 그렇게 사진 찍던 기억이 있다. 아마 그 기억이 가족사진 찍을 때는 아니었는지.

오랜 세월, 빛이 바래도록 침묵해온 가족사진. 그곳엔 사랑과 애정이 생명처럼 꿈틀댄다. 젊은 부모님과 어린 나의 모습에서 시간의 간격을 더듬는다. 다른 시대의 삶이 또 다른 삶을 교차하며 나는 지금 시간의 거리에 서 있다.

나는 가족사진을 다시 찍자고 서둘렀다. 남편의 건강이 예전 같지 않아 조바심이 났다. 첫 번째 가족사진은 두 아들이 대학에 들어가고 난 뒤 우리 네 식구 가족사진을 찍었다. 예쁜 딸 하나 없이 남자 셋에 여자라곤 나 하나, 그저 판에 박힌 듯 찍힌 사진이었다. 그 후, 아들들이 가정을 꾸미고 표주박 달리듯 손자, 손녀를 한 명씩 낳았다. 곱상한 며느리들과 손자 손녀까지 사진은 그야말로 구색이 맞았다.

날을 잡아 가족사진 찍던 날, 며느리들은 정장을 입고 손자 손녀도 예쁘게 치장을 시켰다. 사진관 홀을 운동장마냥 뛰어다니는 두 어린것을 붙잡아다 앉히면 또 한 녀석이 훌쩍 도망가니, 사진 찍기보다 더 힘든 게 아이들을 달래는 일이었다. 사진사는 어린것들의 시선을 집중시키려 인형을 흔들고 손뼉을 치고 요를레이송이라도 부르듯 '호로로' 소리를 연발한다. 자연스러운 한순간을 포착하기 위해 앉았다 일어나고 다시 옆으로 서고, 서로 위치를 바꿔보며 이 포즈 저 포즈 연신 카메라 셔터를 누른다.

참 좋은 세상이다. 금방 찍은 사진들을 컴퓨터를 통해 슬라이드로 보여주고 있다. 그중에서 며느리들은 "어머니 이 사진이 제일 괜찮은데요." "잘 나왔어요." 사진사도 현대적 스타일로 아주 멋지게 나왔다고 한마디 한다. 양복 스타일이 잘 어울리는 남편의 모습도 편안해 보인다. 손자 손녀의 귀여운 모습은 사진을 살려주는 귀한 모델들이다. 다 복해 뵈는 사진이 내 마음에도 흡족하다.

축제를 치른 것처럼 가족사진 찍던 날, 그렇게 완성된 가족사진이 지금 우리 집 벽에 걸려있다. 그 이후, 태어난 손자 녀석이 있다. 잘생긴 녀석의 모습이 가족사진 속에서 빠져 못내 서운하다. 이다음에 왜 나만 쏙 뺐냐고 항의를 하면 어쩌지. 긴 설명이 필요하리라.

세월이 한참 흐른 뒤, 바쁘게 스치던 어느 날, 내 자식들도 가족사진을 보며 잠시 회상에 젖겠지. 가족사진 속에서 뭉클함도 느끼리라. 안락했던 가정의 따스함도 가족들 간의 사랑도, 그때는 이미 존재하지 않을 부모님도 떠올려 볼 것이다.

살아온 날들을 반추해 보며 추억도 곱씹을 것이다. 어려운 고비마다 버팀목이 되었던 건 가족들의 큰 사랑이었다는 것을. 그 증표라도 만들 듯, 아들들도 그들의 가족사진을 찍을 것이다.

낡은 소반

 매서운 IMF 외환위기가 회오리처럼 휩쓸고 지나간 끝이었다.
 텔레비전 화면에서는 노숙자들의 고달픈 모습이 비치고 있었다. 그때 취재하던 기자는 한 가족 노숙인들에게 다가갔다. 지하도 한 귀퉁이에 종이 박스를 깔고 유행 지난 붉은 밍크 담요로 온몸을 푹 뒤집어 쓴 채 얼굴만 내놓았다 부부와 초등학생 정도의 어린 아들과 딸, 네 식구였다. 초췌한 얼굴에 추위를 이기려는지 몸을 거북이 마냥 잔뜩 웅크렸다. 이 추운 겨울, 어린 자식들을 앞세우고 차디찬 거리로 나올 수밖에 없는 사연은 무얼까. 저들이 딱해서 나는 가슴이 먹먹해 왔다. 어린 노숙인 소녀의 얼굴 위로 까마득히 잊혔던, 복순이 얼굴이 순간 겹쳐졌다. '맞아, 복순이.' 그녀가 우리 집으로 들어오던 때 생각이 났다.

우리 집 부엌 한 귀퉁이에는 낡은 소반 하나가 걸려있었다. 색깔은 희뿌옇게 탈색이 되었고, 가장자리에는 작은 흠집이 난 둥그런 소반이었다. 그 상은 5일 장이 서는 날이면 어김없이 쓰였다. 어머니는 불쑥불쑥 찾아드는 불청객들을 위해 버리지 않고 걸어두었다.

　큰 기와집이 눈에 잘 띄어서인지 불청객들은 우리 집을 지나쳐 가지 않았다. 머리에 벙거지를 쓰고 깡통을 든 걸인, 또는 절단된 한쪽 손에 쇠갈고리를 하고 험상궂게 협박하듯 푸짐한 동냥을 요구하던 불량자들. 그들의 입에서는 술 냄새가 물씬 풍겼다. 어쩌다 눈썹 없는 나병 환자가 올 때도 있었다. 나는 무서워서 담벼락 뒤로 몸을 숨겨 그들을 지켜보곤 했다. 어머니는 그런 사람들에게 낡은 소반에 밥을 차려, 그들의 허기진 배를 채워주셨다. "동냥이나 한 푼 줘서 보내면 될 것인데, 꼭 밥상까지 차려줄 건 뭐냐"며 부엌일을 하던 만수 엄마는 투덜거렸다.

　그날도 장날이었다. 곧 비가 올 것 같아 장꾼들이 일찍 파장한 늦은 오후였다. 걸인 가족이 동냥을 청하며 우리 집으로 찾아 들었다. 딸은 제법 키가 커서 중학생 정도로 보였고 아들은 초등학생 정도였다. 낡은 옷차림과 역한 냄새로 보아 꽤 여러 날을 떠돈 형색이었다. 지쳐서 축 늘어진 몸과 그늘진 표정에는 희망을 잃은 지 오래되어 보였다.

　예외 없이 부엌 구석에 걸려있던 소반이 내려지고, 그들을 위한 밥상이 차려졌다. 꽤 허기가 졌던지 걸신들린 듯 퍼먹었다. 어머니는 그들이 밥을 다 먹자 온 가족이 이렇게 떠돌게 된 사연을 물으셨다. 순간 아이들 엄마의 눈에서 이슬이 맺히는가 싶었다. 장사하다 파산을 하여 한 푼의 재산도 건지지 못했단다. 서울로 올라가 보려고 경상도에서부터 동냥하며 이곳까지 올라오게 되었다고.

그 거지 여인은 어머니가 믿을 만했던지, 서울 가서 형편이 조금 나아질 때까지만 딸을 맡아달라며 간청을 했다. 어머니도 딸을 키우는 입장에서 그 간청을 거절하기엔 힘드셨나 보다. 그렇게 복순이를 받아들였다. 우리 식구가 되던 날, 복순이 머리에 흰 가루 소독약을 뿌리고 더러운 몸은 깨끗하게 씻었다. 새 옷을 차려입으니 딴사람이 되었다. 새까맣게 탄 얼굴에 큰 이마가 시원했지만 눈매는 뭔가 불안함이 서려 있었다.

복순이는 생소한 분위기에 서먹해했다. 가족과 헤어져서인지 침울해 보였다. 그것도 잠시, 차츰 안정을 찾아가고 제법 큰소리 내어 웃는 명랑함도 생겼다. 고집은 조금 센 편이었지만 집안일도 잘 거들었다. 억센 경상도 사투리와 무섭도록 왕성한 식욕은 식구들을 늘 놀라게 했다. 어느 날 복순이가 부엌 조그만 항아리 속의 조청을 야금야금 다 먹어치운 일은 한동안 웃음거리 소재가 되기도 했다. 나보다 네 살 위인 그녀에게, 나도 언니라고 부르기 시작했다.

내가 서울 중학교로 입학을 하고 교복을 입은 모습으로 시골집에 내려갔을 때였다. 한동안 부러운 듯 나를 바라보던 그녀는 고개를 숙이며 "옥아, 서울은 어떻노. 말 좀 해 보그라." 하며 다그쳤다. 반복되어 묻던 그녀의 모습은 서울로 간 가족들의 염려와 그리움이 섞여 있는 듯했다.

복순이의 외로운 마음을 헤아려주기엔 나는 너무 어리고 철이 없었다. 지금 같으면 위로의 말이라도 해주었을 텐데.

몇 년 후, 여름 방학 때 시골집으로 내려가니 복순이의 모습은 보이지 않았다. 서울에서 떠돌이 생활을 하지 않아도 될 만큼 자리가 잡혔다며 복순이의 부모가 데려갔단다. 우리와 함께 3년을 살다 갔으니 정도 많이 들었다. 그녀의 걸걸하고 억센 경상도 사투리가 없으니 집안이 갑자기 조용하고 허전한 느낌마저 들었다.

어머니는 가족 모두 모여 살게 되었으니 참 잘 되었다고 하셨다. 복순이는 야무지고 고생도 해봐서 생활력도 강할 것이라고 하셨다. 지금쯤 자기 삶을 다부지게 헤쳐나가리라 믿는다. 아마 어려운 이웃에게 서슴없이 도움을 주는 그런 삶을 살고 있진 않을까.

그때 복순이 가족에게 밥상을 차려주던 낡은 소반은 어머니가 돌아가시자 어디론가 사라져 버렸다. 잔칫날 갖가지 음식의 푸짐한 교자상이나 화려한 자개 문양이 새겨진 멋진 상이 아닌, 비록 낡은 소반이지만 굶주리고 외로운 사람들에게 따스한 온정을 베풀던 상이었다.

우리 가족이 고향을 떠나온 지도 수년이 되었다. 얼마 전, 떠돌이 노숙자였던 복순이 남동생이 청년으로 커서 고향집을 찾아 왔더란다. 동네 사람들한테 수소문해서 우리 가족이 고향을 떠난 것도 어머니가 돌아가신 것도 알았나 보다. 나의 남동생 전화번호를 얻어 전화를 했단다. 살면서 내 어머니께 늘 고마운 마음을 품었노라고. 그들도 어렵게 기반을 잡았고, 어머니의 온정도 잊지 않은 것이 반가웠다.

어릴 때, 늘 선행을 베푸시던 어머니의 모습은 당연한 거라고만 생각했다. 하지만 남에게 온정을 베푼다는 것은 말만큼 결코 쉬운 일은 아니다. 나는, 나 살기도 숨이 차서 헉헉대며 달려오지 않았던가.

텔레비전 화면에서는 아직도 노숙자들의 프로그램이 진행되고 있다. 화면 속의 노숙인들도 얼른 삶의 안정을 찾아야 할 터인데. 낡은 소반에 온정을 베푸시던 어머니가 더욱 그리워지는 날이다.

남폿불이 비춘 새벽길

　어제, 늦은 저녁부터 내리던 눈이 그쳤다. 간간이 불던 바람도 잦아들고 한낮의 겨울 햇살이 눈 위에 내려앉아 눈부시다.
　동네에 인접한 작은 산 주변에는 걷기 좋은 길이 여럿이다. 산 주변을 향해 걸었다. 눈이 쌓인 길목에는 아직 아무도 다녀간 흔적이 보이지 않는다. 소복이 쌓인 눈길 위로 찍히는 내 발자국이 분신마냥 따라온다.
　어느새 먼 기억 속의 눈길로 옮겨간다. 그 눈길 위에는 사박사박 소리를 내며 네 개의 발자국이 앞서거니 뒤서거니 다정했다. 서울 외삼촌 댁에서 여학교를 다닐 때였다. 토요일이면 시골집으로 내려가서 일요일을 가족과 보냈다. 어쩌다 월요일 새벽 기차를 타고 학교로 가기도 했는데.

그해 겨울, 그날도 새벽 열차로 학교에 가야 했다. 어머니는 아궁이에 장작을 지펴 가마솥에 따끈한 새벽밥 지어 밥상을 차려놓고,

"애야, 얼른 일어나라, 기차 놓칠라." 하며 나를 흔들어 깨우셨다.

어머니는 남폿불을 들어 어둠을 밝히고 나는 책가방을 든 채 새벽길로 나섰다. 어제 내린 눈이 녹지 않아 미끄러웠다. 사방에 깔린 어둠, 코끝을 얼얼하게 때리는 찬바람은 어깨를 잔뜩 움츠리게 했다. 새벽 정적을 깨우는 어머니와 나의 사각대는 발걸음 소리만 들렸다. 하얀 눈길을 더듬으며 걷다 무심코 올려다본 하늘에는 초승달도 추위에 떨고 있는지 파리해 보였다.

몸이 편찮으신 어머니가 추운 새벽바람을 쐬는 것은 무리였다. 하지만 철없던 나는 엄마의 배웅을 받으며 그 새벽길이 얼마나 행복했던지. 어머니는 당신 몸이 아프신 것보다 컴컴한 새벽길을 나서는 딸이 더 염려스러웠을 것이다.

저만치 기차 역전의 불빛이 보이고 웅성대며 역으로 향하는 사람들의 모습이 보이자 어머니는 "어서 가렴" 하며 내 등을 쓰다듬으셨다.

나를 배웅하고 하얀 새벽길 찬바람 속을 휘적휘적 되짚어가시던 어머니. 역으로 향해 걸어가다 뒤돌아보면 어머니는 멈추어 서서 남폿불을 높이 쳐들고 나를 바라보고 계셨다. 남포불빛이 바람에 일렁거렸다.

나를 낳은지 삼칠일 만에 1·4후퇴가 터졌고, 어머니는 어린 핏덩이가 행여 숨이 막힐까 추위에 얼까, 옷 위에 또 솜으로 싸서 업고 피난길

로 나섰다. 산후에 퉁퉁 부은 몸보다 아기 걱정을 더 하셨다니. 어머니의 건강은 그때부터 이미 나빠지기 시작했을지도 모른다. 마흔아홉, 아깝고 아까운 나이에 자식들을 두고 돌아가신 어머니. 나는 어머니가 진달래꽃 지천인 꽃길 따라 먼 길로 떠나신 후에야 극진한 사랑을 떠올리곤 했다.

큰아이가 세 살 때, 어머니와 걷던 눈길처럼 나는 큰아들과 눈길을 걸은 적이 있다. 그때는 한겨울을 보낸, 삼월의 어느 날이었는데 때늦은 눈이 내렸다.

서울을 떠나 여주 시댁으로 향하는데 눈발이 날리기 시작했다. 여주에 도착했을 때는 갑자기 퍼붓는 눈 때문인지 시외버스 차편이 그리 많지 않았다. 나는 우선 시댁 근처마을 청안리로 가는 버스를 타기로 했다.

매점과 매표소를 겸하고 있는 옹색하기 짝이 없는 그곳 청안리. 한참을 기다려도 시댁 동네로 들어가는 버스는 언제 올지 모른다는 대답뿐이었다. 그렇다고 택시도 없었다. 눈은 그쳤지만 짧은 겨울 해는 이미 기울어지기 시작했다. 마음을 다잡고 아들과 그 길을 걸어가기로 했다.

초등학교를 끼고 돌아 작은 언덕에 올라서면 구불구불한 신작로였다. 겨우 네 살배기인 아들 손을 잡고 서서히 눈길을 걸었다. 평소엔 아빠 손을 잡고 얕은 산도 잘 오르던 아이였다. 모자와 벙어리장갑, 마스크도 단단히 씌웠다.

눈은 왔지만 비교적 따뜻한 날씨 탓에 그리 춥지는 않았다. 하지만 어린 아들의 연한 뺨이 얼까 봐 손으로 비벼주고, 내 품에 안기도 하고,

등에 업기도 하며 걷길 반복했다. 내가 힘이 들면 아들을 등에서 내려 다시 손을 잡고 걸었다. 어린 아들은 엄마와 걷는 눈길이 좋았던지 춥다고 보채지도 않았다.

내 손안에 단풍잎처럼 여린 손을 꼭 잡고 아이의 보폭에 맞추며 느리게 걸었다. 나는 아들에게 옛날얘기도 해주고 예전에 남포불빛에 의지하며 외할머니와 엄마가 걷던 그 새벽 눈길 얘기도 해주었다. 내 얘기를 듣던 아들은,

"엄마, 할머니가 보고 싶어?" "응, 엄마는 돌아가신 할머니가 보고 싶어."

"그럼, 엄마는 죽지 마. 내가 엄마 보고 싶으면 어떡해."

어린 아들의 엉뚱한 말에 웃음이 나면서도 침울해진다. 누구나 생과 사의 갈림길에 서야 한다는 걸. 그것이 자연의 순리라는 걸. 어린 아들은 아직 알지 못할 테니.

나는 아들의 손을 꼭 부여잡았다. 다시는 내 어머니와 걸어볼 수 없는 길을 어린 아들과 함께 그 회포를 풀어내기라도 하려는 듯이 걸었다. 어린 아들이 자라서 엄마의 손을 잡고 또는 등에 업혀 걷던 이 눈길을 기억해 낼까. 아마 너무 어려서 기억해내지 못할지도 모른다. 하지만 엄마와의 따뜻한 교감은 마음속에 새겨져 있으리라.

긴 여로에서 문득문득 힘이 되어주는 어머니의 사랑, 어두운 눈길을 비추던 남폿불처럼 내 영혼을 충전해주는 아득한 시간 속의 새벽길. 나는 오늘도 멈추지 않고 힘찬 걸음을 내딛는다.

명품 나무

꽃꽂이 강습에 열을 올린 적이 있었다. 꽃꽂이 선생을 초대하여 이웃들과 꽃처럼 '하하' 웃어가며 강습을 받았다. 작품에 따라서 꽃을 고르고 방향과 각도를 맞춰 침봉에 꽃을 꽂곤 했다.

하얀 수반에 놓인 예쁜 꽃들은 아들 둘에 남편, 남자만 셋인 집안 분위기를 귀여운 딸처럼 부드럽게 가꾸어주었다. 화려한 자태와 꽃향기는 매혹적이었다. 하지만 날이 갈수록 초췌하게 시들어가는 꽃에서 나는 소멸을 보았다. 시든 꽃들을 내다 버리면서 꽃꽂이도 점점 싫증이 났다.

꽃꽂이 강습을 그만두고 그 대신 관엽수나 화초들을 사다 나르기 시작했다. 어릴 때의 두 아들처럼 어린나무들이었다. 햇볕 잘 드는 남향

집에 나무들은 에너지가 넘쳤다. 잎사귀들은 말갛게 윤이 났고 물오른 가지들은 탱탱했다.

아이들의 키가 훌쩍 크면 관엽수들의 키도 커져 있었다. 색색의 화초들은 제멋에 겨워 피고 지고 했다. 꼿꼿이해서 보던 꽃보다 싱싱한 생명력이 있어 좋았다. 조로를 들고 화분에 물을 주던 아들들은 새로운 꽃이 피면 엄마를 부르며 부엌으로 달려왔다. 한껏 들뜬 목소리로 꽃을 예찬하는 아이들의 표정은 또 하나의 활짝 핀 꽃송이였다. 나무나 화초들은 정직했다. 정성을 기울이고 사랑을 주자 싱싱한 자태로 보답했다.

하지만 처음엔 여러 번 시행착오를 겪었다. 꽃마다 향기가 다르듯이 나무들도 각자 개성이 있어, 햇볕을 좋아하거나 음지에서 잘 크거나 또는 물을 좋아하거나 싫어하는 특성이 있었다. 나무들을 키우는 과정에서 병충해에 노출되기도 하고 영양이 부족해서 뿌리가 마르고 잎이 누렇게 뜨기도 한다. 물과 햇볕과 영양이 얼마나 중요한지. 하지만 너무 과한 사랑으로 오히려 화를 부르기도 했다.

손바닥 같은 잎사귀를 쫙 펼치고 튼실하던 관음죽은 내 사랑을 듬뿍 받았다. 더 멋있어지길 기대하며 거름을 듬뿍 넣어 다시 분갈이를 해주었다. 과유불급過猶不及, 지나친 것은 모자람만 못한 것이었는지, 잎부터 시들시들 말라가던 관음죽은 결국 죽어버리고 말았다. 나무에게 얻은 교훈은 늘 나의 어리석음을 일깨우는 것이었다.

나무들이 점점 크자 화분의 밑둥으로 뿌리들이 뚫고 나와 소리 없는 반항을 했다.

자라나는 아이들에게 사춘기라는 통과의례가 있듯이 나는 먼 앞을 내다보며 나무의 외형보다 훨씬 큰 도자기 화분을 골라 분갈이를 해주었다. 처음에는 큰 화분 속의 나무들이 왜소하게 보였다. 하지만 넓은 집을 가진 나무들은 자기 실력을 맘껏 발휘하듯 쑥쑥 자라났다.

30년 정도 된 고무나무는 쭉 뻗은 가지들을 주체 못 해 여인네들 머리 파마를 하듯 둥그렇게 구부려 묶여 자란지도 오래다. 해묵은 관록을 자랑하며 특이한 자태를 하고 있다. 가끔 웃자란 잎들을 정전 가위로 잘라주면 하얗고 끈끈한 진액을 뚝뚝 떨어트린다. 아픔을 표현 못 하는 나뭇잎의 침묵이 안쓰럽다.

그럴 때면 아이들을 키우면서 뜻하지 않은 부상이나 병으로 맘 졸였던 생각이 난다. 큰아들이 갑작스러운 병으로 대학병원에 한 달 가까이 입원했을 때 작은 아이는 이제 겨우 기저귀를 떼었을 때였다. 돌봐줄 사람이 없어 옆방에 세 든 아줌마에게 아이를 맡기고 큰아들 병간호를 했다. 아픈 아이도 딱하지만 며칠에 한 번씩 집에 들를 때면 엄마 목을 꼭 끌어안고 엉엉 우는 작은아이가 더 안쓰러웠다.

작은아들이 학교 복도에서 친구와 부딪쳐 병원에 있다는 연락을 받고 한달음에 달려갔을 때, 친구 먼저 치료해주라며 양보를 했다던 아들 아이의 입안은 피와 늘어진 살점으로 상처가 심각했다. 아들 친구는 이마를 서너 바늘 꿰매는 정도였지만 작은아이 입안은 스무 바늘 이상을 꿰매었다. 그 후유증으로 열이 떨어지지 않아 이십일 가까이 병원에 입원했다. 아들의 병상을 지키며 나는 온몸의 진액이 말라가듯 괴로운 나날을 보냈다.

　어린 아들들과 함께 커온 관엽수들이 어느새 15년에서 30년이 넘게 내 곁에 머물러 있다. 몇 번이나 집을 이사 할 때도 나무들은 VIP 대접을 받았다. 삭막한 아파트 공간에 초록빛 생명은 그 어떤 비싼 장식품보다 멋스럽다. 관음죽, 소철, 고무나무, 가지마루 펜다 등은 어른 키 정도로 컸고 최근 새 식구로 맞은 해피트리와 화초들로 작은 숲을 이루었다.

　지난해 여름, 아파트 보수공사를 했다. 이사 가듯 짐들을 싸고 화분들도 밖으로 대피시켰다. 칠을 하고 도배와 장판을 바꾸고 이곳저곳 수리하느라 열흘 가까이 집안은 난장판이 되었다. 나는 옆에서 일을 거드는 게 힘들어 지쳐갔다. 보수공사 마지막 날 밖에 있는 화분을 제자리에 들여놓았다. 장정들 둘이 낑낑댈 무게이니 꽤 큰 화분들에 속했다. 예전처럼 화분들이 제자리에 배치되자, 이마의 땀을 닦던 젊은 인부는 "와! 정말 좋은데요. 몇 그루의 나무들로 이렇게 분위기가 달라지다니요." "꼭 숲에 온 것 같아요." 며칠 동안 나무들의 부재, 다시 보았을 때의 새로운 느낌, 이젠 내 곁을 떠나 가정을 꾸민 아들들을 본 것처럼 기운이 났다.

　모처럼 성당 수녀님이 가정방문을 오셨던 날, 기도를 끝내시던 수녀님은 대뜸 "자매님 댁 나무들은 명품이네요." 하시는 게 아닌가. 명품? 그때부터 나도 나무들을 명품 나무라 불렀다.

　"명품 나무들아!"

나의 정성과 손길이 배여 있는 나무. 오랜 시간 우리 아들들과 같이 커온 나무. 나는 그들을 명품 나무라 불러도 손색이 없을 것 같다.

내부 수리

 사람이나 집이나 나이 들면 고장이 나게 마련이다. 이사 온 지 10년이 넘는 아파트는 손 볼 곳이 많았다. 내부 수리를 하려니 엄두가 나지 않아 계속 미루다 이제야 날을 잡아놓았다.

 두 아들도 결혼해서 세간이 나고 이제 우리 부부만 오롯이 남아 집수리를 하려 한다. 젊은 시절 이사나 집수리를 앞두고는 집을 어떻게 꾸밀지 가구는 무엇으로 바꿀지 축제처럼 설렜는데, 이젠 그저 깨끗하고 편리하고 수리하는 동안 무리해서 병이나 나지 않길 바랄 뿐이다.

 짐을 싸기 시작하자 안 쓰고 방치된 물건들은 왜 그리 많은지. 지나온 시간의 잔해가 되어 끈끈한 삶의 애착처럼 쌓여있다. 나는 욕심을 털어내듯 불필요한 물건들을 내다 버리고 또 버렸다.

 어느 날 오후, 거실 가득 햇살이 내리고 우리 부부는 차 한 잔을 마주

했다.

"앞으로 10년이나 20년이 지나면 아마 그때쯤 다시 집수리를 해야 할 거야. 그땐 내 나이는 더 먹어도 키는 줄어 작아져 있겠지. 누군가 발 벗고 도와주지 않는다면, 집수리보다는 이사를 택할지도 몰라."

혼자 중얼대는 내 말을 옆에서 듣고 있던 남편은,

"내가 그때까지 살아있기나 하려는지." 한다.

그 말을 듣는 순간 나는 명치끝이 뜨끔하게 저려온다. 갑자기 죽음이 내 옆구리에 슬쩍 와서 앉는다. 점점 늙어가니 하나, 둘 병도 생기고 그때마다 땜질하듯 병원 가서 약 먹고 치료하며 내부 수리 중인 것이다. 낡은 집을 수리하듯이.

복잡해진 내 의중을 알지 못한 채, 남편은 집수리하는 동안 밖에 나가서 자야 하는데 어떻게 할 거냐며 채근을 한다. 두 아들네 집은 멀리 있어 드나들기 어렵다. 아들들이 깔끔한 호텔을 예약해 놓겠다고 하는 걸 말렸다.

새벽부터 인부들이 올 것이고, 이것저것 감독하고 챙길 것이 많을 것이다. 그러려면 집 근처에 숙소를 정해야 했다. 가뜩이나 잠자리가 까다로운 남편 맘에 들려면 쾌적하고 조용하고 경비도 적당해야 했다.

저녁을 먹고 남편과 동네 주변 숙박업소를 찾아보려 길을 나섰다. 집 주변의 여인숙을 찾아갔다. 허름한 입구가 내키지 않아 돌아 나오려는데 인기척을 느꼈던지, 오십 대 중반의 아저씨가 신발을 찍찍 끌며 나오고 있었다. 멋쩍은 표정으로, 일주일 정도 밤에만 잘 방을 찾는 중이라고 했다. 그러자 그 남자는 "저희는 방이 몇 개 없어서 안 되겠어요." 라며 퉁명스럽게 말했다.

그 바로 옆에 붙은 모텔로 향했다. 컴컴한 출입구에 번쩍번쩍 빛나는 네온사인이 그나마 조명 역할을 했다. 그때 입구에 달린 조그만 문으로 남자가 고개를 쏙 내밀며 "어서 오시라"는 인사를 한다. 우리의 사정 이야기를 했더니, 묵어가는 방보다 그때그때 필요한 손님이 더 많아 미안하다고 한다. 우리도 마음에 들지 않았다. 되돌아 나오면서 잠잘 곳 구하기가 생각보다 어렵겠다고 느꼈다.

집에 돌아와 어디가 좋을지 서로 궁리를 했다. 차라리 집에서 조금 떨어진 곳이지만 우이동 계곡 쪽에서 찾아보면 어떠냐고 내가 제의를 했다. 그러자 산 좋아하는 남편은 금방 승낙을 한다.

지난날, 산은 우리의 데이트 장소였다. 산악회를 따라 전국 산을 누비며 쌓은 추억들은 결혼으로 이어졌다. 산을 오르고 내리다 손도 잡아 올려주고 허리도 받쳐주며 정이 들었으니.

며칠 후 우이동 계곡 쪽으로 가보았다. 길목 주변에 산장호텔이란 간판이 눈에 띄었다. 호텔보다 산장이란 단어가 맘에 끌렸다. 북한산 녹음이 눈앞으로 달려들고 스치는 바람은 꽃향기를 날리고 있었다. 낮에는 등산객들의 왕래가 빈번하지만, 밤에는 오히려 깊은 고요가 깃들 것 같았다. 방은 항상 여유 있다고 하니 다행이었다. 우리는 그곳에서 며칠 머물리라 점을 찍어두고 왔다.

아파트 수리를 시작한 첫날, 일을 마치자 나는 작업복을 벗고 예쁜 모자와 하늘거리는 블라우스에 트렁크까지 끌고 산장호텔을 찾았다. 그때는 따가운 6월 햇살이 서산 끝에서 긴 하품을 하고 있었다. 안내 데스크를 지키고 있던 주인 여자는 보름 전 우리가 사전답사를 온 기억을 못 하는 듯했다.

남편은 나를 가리키며 "저 사람이 산 쪽으로 창이 난 방을 달랍니다." 하자 그녀는 열쇠를 들고 방을 안내했다. 창문을 열자 상큼한 산 내음이 훅 달려든다. 하얀 시트의 침대가 정갈해 뵌다. 아늑한 공간에 은은한 불빛도 있다. 시원한 맥주 한 잔을 하니 얼큰하게 취기도 돈다. 그런데 남편과 나는 내일 일정에 신경이 쓰이고 피곤만 밀려왔다. 젊음은 멀리 가고 우리도 내부 수리를 해야 할 만큼 살아왔으니.

그 이튿날 밤, 다시 산장호텔로 갔다. 주인 여자에게 우리는 앞으로 며칠 밤을 이곳에서 묵겠다고 했다. 그녀는 고개로 까닥 인사를 하며 남편 한 번 나 한 번 쳐다보는 것이었다. 그녀의 시선은 사뭇 탐색적이었다. 그것은 오랫동안 익혀진 그녀만의 직업적 습관 같았다.

방으로 들어온 나는,

"여보, 아까 주인 여자가 우리를 쳐다보는 시선 봤어요? 혹시 우리를 정분난 과부와 홀아비쯤으로 보는 건 아닐까요? 나는 아주 묘한 느낌을 받았는데." 하며 나는 남편에게 그때의 이야기를 꺼냈다.

지금보단 한참 젊었던 때였다. 아이들도 방학을 맞아서 외갓집에 놀러 가고 한적했다. 우리 부부는 맛있는 거나 먹고 바람이나 쐬자며 춘천으로 나들이를 떠났다. 호숫가를 돌아 강촌으로 왔을 때였다. 구곡폭

포를 지나 문배마을로 들어섰다. 거기서 그만 동동주에 반해 주거니 받거니 하다가 하룻밤을 강촌 모텔에서 묵게 되었다.

인도의 타지마할 궁전을 흉내 냈는지 둥근 원통형 지붕에 아치형 문들로 장식된 곳이었다. 숲속의 궁전 같았다. 진줏빛 뽀얀 피부에 푸른 눈의 공주라도 사는 집 같았다. 우리가 묵은 객실은 큰 창문이 있었다. 창문에는 화려한 레이스 커튼이 달려있고 창을 열면 초록빛이 눈 안으로 흠뻑 젖어들었다. 그 초록빛처럼 젊었던 시절이었다.

지금은 집수리 때문에 산장호텔에 묵고 있는데, 호텔 주인 여자의 시선에 그만 장난기가 동했다. 나는 남편에게,

"여보 우리 여기 묵는 동안 애인할래요?" 남편은 웬 주책이냐는 표정이면서도 싫지 않은지 씩 웃고 만다. 잠깐씩 호텔을 들고 날 때는 40년 가까이 살아온 덤덤한 부부보다 정분난 애인처럼 정답게 팔짱도 끼고 말도 나긋나긋하게 했다. 조용한 성품의 남편은 평소 집에서도 장난기 많은 마누라의 애교로 봐주었다. 그 장난기는 묘한 효과가 있었다. 정말 사랑에 빠진 두 남녀처럼 집수리하는 피로감을 날려주고 활력이 생기는 것만 같았다. 아! 마음의 내부 수리도 해야겠구나, 하고 느꼈다.

호텔에 묵은 지 일주일 되던 날이었다. 나는,

"아주머니 그동안 잘 쉬었어요. 저 아랫동네가 저희 집인데 아파트 수리 중이거든요. 내일 하루만 더 묵으면 이제 안 와도 될 것 같아요." 라고 하자,

그녀는, "두 분 너무 정다워 보이시던데, 부부이신가 봐요?"라며 말

끝을 흐렸다. 그러면서도 집수리를 더 오래 하셨으면 좋겠다는 상술도 잊지 않는다. 그녀의 뉘앙스로 보면 우리를 애인으로 본 게 틀림없다.

집수리만 할 게 아니다. 지친 몸도, 무디어진 마음도, 식어버려 덤덤해진 사랑도 내부 수리를 해야 하지 않을까. 그러면 사는 게 더 재미있어질 것 같다.

3부

하산

고향역을 스쳐 가는 기차

　한적한 숲길에서, 오래전 폐쇄해 붉게 녹슨 철길을 만날 때가 있다. 그럴 때면 마냥 철길을 걸어보고 싶은 충동이 인다. 외줄타기하듯 철길 위에서 곡예도 해보고 침목을 하나둘 세며 건너뛰어 보기도 한다. 기차에서 내려 철길을 건너던 생각을 해본다.
　한때는 힘찬 기적소리와 흰 연기 내뿜으며 기차가 달렸을 철길이다. 이제는 빛바랜 내 유년의 흑백사진처럼 침묵을 머금은 채 고요 속에 잠겨있다.
　내 고향은 남한강과 북한강이 서로 만나 합수머리를 이루는 작은 마을이다. 사시사철 불어오는 강바람처럼 마을에 머물다 가는 기차가 있었다. 시발역인 청량리를 출발하면 경기도 경상도 강원도를 경유하는 중앙선이었다. 급할 것도 없이 역마다 정차하는 완행열차에다 툭 하면 연착도 밥 먹듯 했다.

역으로 가는 길은 고향집을 조금 벗어나 미루나무 가로수가 나풀대는 신작로를 돌아 기역 자로 꺾인 길로 들어선다. 그곳엔 작은 우체국이 있다. 빨간 우체통이 보란 듯이 도도해 뵌다. 저만치 아담한 기차역사가 보였다. 그 작은 역사 안에는 잡곡이나 푸성귀를 뽑아 들고 오일장을 찾아 나서는 시골 아낙들의 와자지껄 떠드는 소리나 모처럼 서울 나들이하는 사람들로 붐빈다. 하지만 기차 시간이 지나가면 역사 안은 적막하고 나무 의자만 주인 없이 졸고 있기 마련이다.

우리 집 뒷마루에 서면 저만치 북한강을 가로질러 놓인 철교가 보였다. 산모롱이를 돌아 긴 철교 위로 기차가 들어서면 철커덕 철커덕 쇳소리를 냈는데 동네 사람들은 시계의 알람처럼 시간을 가늠하기도 했다. 달리는 기차를 바라보며 꿈 많던 어린 소녀는 미지의 세계를 동경하곤 했다.

내 생애 첫 기억 속에도 기차가 있다. 아침잠에서 깬 어린 나는 엄마의 부재를 알았다. 어머니는 새벽 열차로 친정인 서울 황금정(지금의 을지로 주변)에 다니러 가셨다. 그때부터 울기 시작했단다. 네 살 터울의 젖먹이 여동생을 젖혀두고 온 식구들은 나를 달래느라 애를 먹었다고 했다. 그 후 내 별명은 울보라고 불렀다.

밤이 되자, 툇마루에서 누군가의 품에 안겨 어둠 속을 질주하는 불 밝힌 밤 기차의 행렬을 보았고, 그 밤차로 어머니가 오셨다. 내가 엄마

품에 와락 달려들어 안기자, 어머니는 한쪽 무릎에 나를 다른 무릎 한쪽엔 여동생을 안고 젖을 먹이셨다. 고개 숙인 엄마의 뒷머리에는 구슬이 달린 검정 망사 보가 씌어 있었는데 어린 눈에 그리 예뻐 보였는지. 나의 기억 속에 그 모습이 아직도 선명하다. 사람에게 기억의 한계는 어디까지일까? 그 후의 기억들은 아마 일고여덟 살 정도일 것 같다.

내 나이 12살. 나는 서울 을지로에 있는 초등학교로 전학 가게 되었다. 아직 동이 트기 전 큰언니의 손을 잡고 역으로 나갔다. 드디어 새벽 열차가 도착하고 검고 긴 몸체의 바퀴에선 뜨거운 김을 훅훅 토해내고 있었다. 기차가 달리는 동안 새벽 동이 트기 시작했고 나의 새로운 도시 생활도 시작되었다. 내가 언제 촌뜨기였든가 싶게 도시 생활에 적응도 참 빨랐다. 전학한 학교에서도 시골에서 올라온 학생이라고 기죽지 않았으니까. 살면서 느껴보니 그것은 부모님이 나를 귀하게 키워주신 사랑의 힘인 것 같았다.

초등학교를 졸업하고 상급학교로 진학하면서 서울살이는 더 익숙해졌다. 나는 작은 삼촌댁에서 학교에 다녔는데 그 주변에는 명동성당을 비롯해 대한극장 등 극장들이 즐비했다. 명화라는 영화를 많이 보게 된 것도 아마 그런 환경 때문이었으리라.

명동성당에서 울려오는 종소리는 무언가에 이끌리듯 평온한 마음을 갖게 해주었다. 가던 길을 멈추어 종소리가 끝나도록 서 있기도 했다. 불교 집안인 내가 천주교를 택한 것은 아마 그때의 그 종소리 느낌 때문 아닐까.

서울에서 지척 거리에 고향이 있어 토요일이나 방학이면 기차를 타고 집으로 달려가곤 했다. 하지만 부모님이 돌아가신 후, 이제 고향에는 아무도 날 반겨주는 사람이 없다. 그 상실감은 허전함으로 다가온다. 그래서인지 나는 이따금 기차를 타고 고향역에 내리는 꿈을 꾸곤 했다. 코스모스 무리 지어 핀 철길을 따라 역사 밖으로 나오면 미루나무 가로수가 늘어선 신작로를 걸어 집으로 향하는 꿈을 꾸었다. 어느 때는 기차 시간을 놓쳐서 떠나가는 기차를 안타깝게 바라보다가 퍼뜩 잠에서 깨기도 했다.

한동안 잊고 지내던 기차를 다시 떠올린 것은 봄이 오자 산나물을 사다 나르면서였다. 이맘때 고향의 오일장은 향긋한 나물들이 지천이었다. 나물도 살 겸 고향을 다녀오리라. 역마다 쉬엄쉬엄 들려가는 고향을 향한 완행열차를 타리라. 고향의 봄 냄새를 가득 품고 오리라. 생각이 여기에 머물자 마음이 급해졌다. 당장 청량리역으로 다이얼을 돌려 기차 시간을 알아보았다. 하지만 그 옛날 완행열차는 급행열차로 변해서 내 고향역에는 서지도 않고 그냥 스쳐 지나간다는 것이었다.

산나물은 핑계였는지도 모른다. 지금은 잘 닦여진 도로에 버스, 자가용, 전철까지 생겼으니 굳이 기차를 고집하지 않아도 되었다. 하지만 중앙선 열차에 길게 매달린 차량, 그 칸마다 추억을 싣고 달려보고 싶었던 것이다.

연어가 알을 낳기 위해 고향의 강으로 회귀하듯 나는 다시 고향의 추억을 부화시키고 어쩌면 급물살처럼 너무 멀리 그리고 빠르게 달려오느라 지친 심신을 고향에서 위안받고 싶었는지도 모른다.

먼 길을 가다 잠시 멈추어 숨을 고르듯 나는 고향을 맛본다. 내 뿌리를 포근히 감싸주던 부드러운 고향의 땅, 맑은 수액으로 나를 채우던 고향의 강, 나를 귀하게 키워주신 사랑하는 부모님, 나의 유년이 고스란히 숨 쉬고 있는 곳이다.

고향역이 가까워지면 어둡고 긴 터널을 지난다. 산모롱이를 돌아나가면 푸른 강줄기가 보인다. 햇볕의 파편들은 강물 위로 내리쬐어 은빛 물고기의 비늘처럼 반짝인다.

하산

강가가 고향인 처녀와 산골 태생 총각이 만났다. 두 사람은 고향을 떠나 오랫동안 도시 생활에 물들었지만 그 태생들은 어찌하랴. 처녀의 가슴엔 늘 고향 강물이 흘렀다. 총각은 산을 좋아했다.

총각이 처녀를 만난 지 얼마 후, 등산하러 가자고 제안했다. 그때는 가을 단풍이 절정이었다. 단풍이 물든 산을 어찌나 맛깔나게 얘기하던지, 처녀는 흔쾌히 승낙하고 등산을 하게 되었다. 이제 겨우 몇 번 만나 데면데면했는데, 경사 급한 바위를 오를 때는 남자는 여자의 손을 잡아 올려주었다. 아마 남자의 작전이 유효했는지 한 번 두 번 산에 오를수록, 두 사람은 급속도로 가까워졌다.

봄이면 진달래꽃 무리 속을 누비며 꽃에 취하고, 초록빛 무더기에 질려버릴 것 같은 여름 산을 올랐다. 아직 싱싱한 두 남녀도 초록빛이었다. 산을 오르며 사계절 보내고 난 후, 다시 봄이 오자 두 사람은 결혼을 했다. 산에 취했든지 사람에 홀렸든지, 산이란 참 묘해서 단점보다 장점이 돋보이는 마력이 숨어있었다.

하지만 결혼해서 막상 살아보니, 현실은 아늑한 숲길을 오르내리는 신선놀음이 아니었다. 두 사람 부딪히는 성격 차이도 만만치 않았다. 산과 물의 성향이 완연히 다르듯 두 사람은 달라도 너무 달랐다. 물이 부드러우면서 강하다면, 산은 봉우리가 높고 계곡이 깊어 급하고 까다로웠다. 산을 오르며 말 없던 그 듬직함은 답답함으로 다가왔고, 세심한 행동들은 까다롭게 느껴졌다.

데이트할 때, 남자는 평소 말이 없는 편이라 했다. 여자는 '남자가 말 많은 것도 그리 좋진 않지. 이 정도로 대화를 나눌 수 있다면 괜찮아'라며, 남자에게 후한 점수를 주곤 했는데, 남자는 결혼하고 나선 정말 입에 꿀을 발랐다. 다정해 뵈던 미소 뒤에 감추어진, 급하고 예민한 성격은 또 어찌 알 수 있었으랴. 서로 티격태격 싸우며 실망도 했다. 서로 달리 살아온 격차를 맞추느라 삐걱댔다.

그때의 해법도 산이었다. 그나마 산에서 배운 지혜가 생존의 법칙이었다. 산을 오르다 숨이 차면 바위에 걸터앉아 쉬어가듯, 남자의 성격이 급하니 잠시 여자가 참아주면 되었다. 숨 가쁜 깔딱 고개를 넘으면, 굴속 좁은 바윗길이 나오고, 그곳에는 서늘한 바람과 보약 같은 샘물이 있다는 걸 알듯이 말이다. 남자와 여자는 조화를 이루는 걸 터득해 갔다. 살아가는 이치도 산을 오르는 것과 닮았다. 오르고 내리고, 가파르고 평평한 길을 만나는 것처럼, 서로 옳다고 다투던 일도, 산속에서는 하찮아 보여 서로 픽 웃어넘겼다.

첫 아이가 태어나 걸음마를 시작하면서 남자는 여자를 낮은 산부터 데리고 다녔다. 산에 익숙해지면서 어린 것의 발걸음도 여물어갔다. 그때는 11월 중순, 겨울 초입으로 접어들어 제법 쌀쌀한 날씨였다. 산 중턱에 올라 코펠과 버너를 꺼내 밥 지을 준비를 할 때였다. 아이는 까불다가 그만 계곡물에 퐁당 빠져버렸다. 입술은 금방 파래져서 오들오들 떨었다. 남자는 아이의 옷을 다 벗기고 여자의 남방과 자신의 잠바로 아이를 감쌌다. 다시 짐을 챙긴 배낭은 여자에게 주고 남자는 아이를 등에 업고 산을 서둘러 내려왔다. 그때 남자는 꼭 다람쥐 같았다. 행여 아이가 감기들까 봐 보호해주던 든든한 아버지였다.

작은 아이가 태어나도 예외는 없었다. 부부는 손에 아들 하나씩 맞잡고 산으로 갔다. 자연만큼 더 좋은 놀이터가 있을까? 그즈음 큰맘 먹고 카메라도 샀다. 꽃 옆에서, 폭포 앞에서 순간을 놓치지 않으려 셔터를 눌렀다. 아이들은 활짝 웃었다. 그 어떤 꽃보다 아름다웠다. 그때 행복이란 단어에 젖었다.

자연히 산에서 겪은 에피소드는 그들의 일상이 되었는데, 작은아이가 네 살 무렵 즈음이었다. 환절기에 감기를 심하게 앓았다. 입안이 하얗게 입병이 돋아 통 음식을 먹지 못했다. 해쓱한 아이의 모습이 안타까웠다. 조금 차도가 있자 산으로 데려갔다. 빨간 바지에 체크무늬 잠바를 입은 아이의 귀여운 모습과 달리 힘에 부쳐 보였다. 산 초입에 들어서자, 아이를 등에 업고 산 중턱으로 올랐다. 신선한 공기, 맑은 하늘, 시원한 계곡물, 내리쬐는 따스한 햇볕, 온갖 새소리 등 더 이상 좋은 약이 또 있을까?

점심을 펼치고 불고기를 구워 아이에게 조심스레 먹였다. 웬걸! 그동안 입병 때문에 먹지 못했던 아이는 입맛이 도는지 아주 달게 받아먹었다. 그렇게 산속에서 치유 받고 힘을 얻고 또다시 산을 찾곤 했다.

세월이 한참 흐른 뒤, 두 아들은 우람한 나무처럼 커서 독립을 했다. 이제 노인이 된 부부는 그저 저 높은 산을 망연히 바라다만 본다. 산등성이를 날아갈 듯 넘나들던 그때를 회상하는지, 산 정상에 오르면 반드시 하산해야 하듯이 그들의 인생길도 지금 하산 중이다.

아담한 뒷동산, 평평한 산책길을 노부부가 걷고 있다. 두 손을 꼭 붙잡고, 이따금 부축도 해주고 조심하라며 서로 잔소리도 한다. 왠지 그들의 뒷모습이 애잔해 보인다.

어느 노인의 눈물

　얼마 전, 우리는 남도 여행길에 들른 거제도에서 포로수용소 유적 공원을 관람하게 되었다. 산 중턱에 위치한 수용소 주위는 6월의 푸름으로 생기발랄했다. 하지만 전시장 안에 진열된 탱크와 무기를 보는 순간 수없이 죽어간 전쟁 희생자의 원혼이 깃들어 있을 것만 같아 섬찟했다.

　어느 소리에 시선을 돌렸을 때 한 노인의 모습이 들어왔다. 수용소를 관람하다가 "나는 눈물이 나서 수용소 전시관을 둘러볼 수 없었어. 아직도 그때의 일들이 눈에 선한 걸."

　그 노인은 오랜 기억상실증에서 깨어난 듯 슬픈 기억들을 하나씩 토해내고 있었다. 그러자 주위에 있던 사람들의 시선이 하나둘 그 노인에게 쏠리기 시작했다.

6·25 전쟁 당시 노인은 서울역 근방에 살았단다. 그때 노인의 나이 10살, 어느 날 무서운 폭격이 시작되었고 동네는 삽시간에 아수라장으로 변해 버렸다. 그 폭격으로 아버지를 잃었고 누이 한 분이 큰 부상을 입었다. 노인의 가족들은 슬픔을 뒤로 한 채 부상당한 누이를 손수레에 태워 끌고서 피난길을 재촉했다. 외가가 있는 시골 작은 마을에 힘겹게 도착했을 때 누이는 사경을 헤매고 있었단다. 다행히 목숨은 건졌지만 그 상처의 후유증으로 누이는 평생 장애를 안고 고통받다 돌아가셨다고 했다. 노인은 깊은 한을 삭히듯 한숨을 내쉬고 있었다.

　　관람하면서 내 마음은 잔뜩 흐린 날씨처럼 잿빛으로 가라앉았다. 전시관에 다다르자 수용소 전경을 입체감 있게 설치하고 그 안에 밀랍인형으로 포로들의 모습을 재현시켜 놓았다. 나는 포로들의 모습을 보며 죽지 않고 그나마 포로로 잡혔으니 얼마나 다행인가, 라는 생각을 했다. 이곳은 육이오 당시 17만 명의 공산당 포로들이 수용되었고, 유명한 포로 소요 사건의 현장이기도 하며, 이데올로기의 전쟁터로 밤이 되면 친공 포로와 반공 포로 간의 살육이 빈번히 자행되기도 했단다.
　　전시실을 돌아 나오던 나는 벽에 걸린 빛바랜 사진을 보게 되었다. 찌그러진 철모에는 총알구멍이 뚫려 있었고 갈기갈기 찢긴 임자 없는 군화들이 나뒹굴고 있었다. 철조망을 배경으로 찍은 또 한 장의 사진 속에서 마냥 어려 뵈는 인민군의 얼굴이 눈에 띄었다. 전쟁의 소용돌이 속에 총알받이로 끌려왔을 어린 인민군. 전장의 공포와 외로움 속에서 집으로 돌아가고 싶은 마음이 간절했을 텐데. 그의 고향에서도 아들을 애타게 기다리는 어머니와 사랑하는 가족들이 있었을 것이다.

순간 외할머니 생각이 퍼뜩 떠올랐다. 나에겐 국군으로 낙동강 전투에 참전했다가 행방불명인 외삼촌 한 분이 계셨다. 외할머니가 살아계실 때 '석탄 백탄 타는 데는 이내 가슴도' 하는 노래를 처량하게 때론, 힘없는 가락으로 부르곤 하셨다. 외삼촌을 그리워하던 할머니의 가슴 속은 석탄이 타버린 하얀 재의 모습이었으리라.

6·25동란에 태어난 내가 열 살쯤 되었을 무렵일 것이다. 그때 고무줄놀이를 하면서 나와 친구들이 부른 노래가 '전우의 시체를 넘고 넘어 앞으로 앞으로, 낙동강아 흘러가라.' 이었으니, 이 노래를 들으실 때마다 외할머니의 마음은 어떠하셨을까? 나는 그 노래가 얼마나 슬픈 노래인지도 모르던 철부지였다.

그 노인의 슬픈 독백과 눈물, 외할머니의 눈물이 지나간 이야기라고 소홀히 하기엔, 아직도 우리가 분단된 조국에 살고 있음이 아닌가.

오늘도 TV에서는 이라크 전쟁의 참상과 우리 군인들의 이라크 파병 문제가 보도되고 있다. 일찍이 우리가 겪었던 전쟁의 불행을 보는 것만 같아서 끔찍하기만 하다. 6·25전쟁을 돌이켜보면서 내가 지금 누리는 이 평화와 자유가 얼마나 소중하게 다가오던지. 전시관에 진열된 총구는 벌겋게 녹이 배어 50여 년의 세월을 말해주는데 아직도 분단의 철조망은 걷힐 줄을 모른다.

들뜬 여행에서 일상으로 돌아왔다. 그러나 며칠이 지나도록 거제도 여행길에서 만났던 그 노인의 목소리는 이명처럼 내 귀에 맴돌았다. 망각의 세월을 훌쩍 뛰어넘어 전쟁이 내 옆으로 바싹 다가온 것만 같았다.

내가 맡은 배역

사람들에게는 저마다 각기 다른 인생행로가 있다. 그래서인지 인생을 비유하는 말도 참 많다. '인생은 고해다' 또는 '인생은 연극'이라고 한다. 나는 인생은 연극이란 비유가 마음에 든다. 세상이란 무대에서 내가 배우가 되어 열연하고 있는 것이 아닌가.

몇 년 전, 지방에 있는 도서관 주부 독서회에 다닐 때이다. 이 도서관에서는 연말이면 그 해를 기념하는 책을 내고 발표회도 열었다. 그해 발표회는 주부 독서회에서 주최를 했다. 주부 독서회 회장을 맡고 있던 나는 은근히 부담이 되었다. 회원들을 독려하고 서로 발표회 진행 계획도 의논해야 했다. 우리가 맡은 연극에 무대 설치와 의상, 분장, 배역 등을 정하느라 분주했다. 주부들이 연극을 하자니 어설픈 연기도 그렇거니와 바쁜 생활 중에 시간 내기가 어려웠다.

배역을 정할 때, 회원들은 각자 어떤 배역을 맡을지 서로 눈치만 보고 있었다. 누구도 선뜻 청소부 역할은 하겠다고 나서지 않았다. 나는 얼른 청소부 아저씨 역할을 내가 맡겠다고 했다.

발표회가 열리던 날이다. 중고등부의 시 낭송에 이어 드디어 우리의 연극 차례가 되었다. 나는 얼굴에 거뭇거뭇한 분장을 하고 머리에는 챙 달린 모자를 썼다. 허름한 작업복 바지를 입고 남방 위에는 등산용 조끼도 걸쳤다. 목에 수건까지 두르니 영락없는 청소부의 모습이었다.

연극무대는 크리스마스트리로 화려한 거리의 풍경이다. 즐거운 표정의 행인들이 분주히 오가고, 청소부 아저씨가 된 나는 빗자루로 길을 쓸고 있다. 조용한 배경음악이 흐르다가 크리스마스 캐럴로 바뀌었다. 청소부는 일손을 잠시 멈추고 하늘을 올려다본다. '뭐가 급해서 그렇게 먼저 떠난 겨' '이 무정한 사람아' 세상을 떠난 부인이 야속하기만 하다. 집 떠나 객지에 있는 아들의 이름도 한 번을 불러본다.

"이 녀석은 잘 있는 거여" "왜, 아비한테는 전화 한 통 없는 거여" "내 곁에는 지금 아무도 없구먼! 휴!"

깊은 한숨이 섞인 청소부의 외마디에서 외로움이 절절히 배어 나온다. 투박한 충청도 사투리 대사는 청소부의 역할을 돋보이게 해주었다.

크리스마스를 배경으로 한 연극은 막을 내렸다. 세상에 버림받고, 고통받고, 소외된 이웃을 하느님의 따스한 사랑으로 품어 안자는 내용이었다. 어둡던 실내에는 환하게 불이 켜졌다. 박수 소리가 뜨겁다. 일어

나서 손을 흔드는 사람들도 눈에 띄었다. 관객들은 주부들의 연기가 참 신선했다는 격려의 말과 함께 악수를 청하기도 했다.

저만치 작은아이가 장미꽃다발을 들고 내게 다가오고 있었다. 아들은 나를 꼭 껴안으며, "엄마, 발표회 참 좋았어요. 그리고 연극도 아주 재미있었어요. 그런데 왜 하필 청소부 역할을 하셨어요? 이왕이면 다른 배역을 맡지." 나는 아들의 얼굴을 마주 보며 그냥 웃고만 있었다.

아직 인생을 많이 알지 못하는 아들에게 해주고 싶은 말이 있다. 엄마는 너를 낳아 기르면서 행복한 청소부의 역할이 무엇인지 알게 되었노라고. 철없고 이기적이던 마음들이 인내와 희생과 사랑이란 빗자루에 쓸려나가고, 그 자리에 아기의 웃음소리와 과일 같은 풋풋한 향기와 강인한 모성을 심게 되었노라고. 때로는 작은 배려와 희생으로 주위가 얼마나 훈훈하고 따뜻하게 되는지. 그 따스함 속에서 싹트는 행복의 느낌들을 놓치지 말라고.

내 아들도 살아가면서 많은 배역을 맡게 되리라. 따사로운 봄볕 같은 삶을 만날 때면 감사와 겸손함을, 겨울날 찬바람 같은 삶에 부딪히면 용기와 인내로 헤쳐가라고. 살아가면서 버릴 것과 취할 것을 분명히 아는 지혜로운 사람이 되길 소망한다.

세상에는 어두운 곳과 소외된 곳에서 사랑과 희생으로 봉사하는 사람들이 많다. 진정 그들이 세상의 어둠을 씻어내는 사랑의 청소부가 아닌가. 먼 훗날 아들의 삶을 지켜보며 나는 행복한 웃음을 웃고 싶다.

지금까지 살아온 인생 무대에서 나는 내 역할을 잘해 왔을까? 성공

한 삶이란 어떤 삶을 말하는 걸까? 간혹 내 삶을 돌이켜 보며 내세울 무엇도, 자랑할 것도 없다는 아쉬움에 젖을 때가 있다. 그럴 때면 나는 이 글귀를 읽으며 작은 위안을 얻는다.

건강한 아이를 낳든 한 떼기의 정원을 가꾸든/ 세상을 조금이라도 살기 좋은 곳으로 만들어 놓고 떠나는 것/ 자신이 한때 이곳에서 살았으므로 해서/ 단 한 사람의 인생이라도 행복해지는 것/ 이것이 진정한 행복이다.

인생이란 연극에서 굳이 화려하지 않은 배역이면 어떤가. 어설프고 실수투성이의 삶이지만 땀 흘리며 연기에 몰두하는 배우들의 모습이 아름다운 것을.

아직은 내가 열연할 수 있는 인생이란 무대가 있기에 나는 연기에 몰두하는 배우가 된다.

호안 미로의 미술전

　미술관 나들이할 준비를 한다. 거울을 보며 화장도 곱게 하고 정장을 차려입는다. 모처럼 내가, 나를 대접하는 느낌이다. 이때만큼은 나는 영화 속의 귀부인이라도 된 듯하다.

　유명한 화가의 전시회라도 열리면 놓치지 않고 보려고 하는데, 그렇다고 내가 미술에 조예가 있거나 한 건 아니다. 반복된 일상이 지루할 때 찾으면 큰 위안을 얻는다. 그리고 그날 감상한 화가의 화첩과 프린트된 그림 한 점을 사 들고 집으로 온다. 이미 걸려 있던 액자의 그림을 빼고 오늘 관람한 그림을 끼어넣는다. 명화들을 벽에 걸어두고 오며 가며 보는 재미는 근사하다.

　미술관 관람은 주로 조용한 평일을 택하는데, 주말에는 몰려드는 관람객으로 조용한 사색을 방해받기 때문이다. 어쩌다 친구와 함께 가는 기쁨도 있지만 혼자 가는 걸 즐긴다.

　미술관을 찾아가는 돌담길이나 고궁의 뜰을 걸을 때면 모처럼 호젓함의 호사도 누려본다. 여느 때나 다름없는 발걸음이지만 나의 존재가 빛나는 시간이다. 이렇게 걷다 보면 '내가 왜 미술 관람에 관심을 갖게 되었지? 하고 반문해 본다. 그냥 자연스럽게 스며들었다는 느낌과 함께 훌쩍 어린 시절로 돌아간다. 그때만 해도, 그러니까 나의 어린 시절 말이다. 시골 작은 마을에 책은 교과서가 고작이고 동화책 한 권도 귀하던 시절이었다.

　한의사이신 아버지는 그림이나 서예 작품, 또는 도자기를 수집하는 취미가 있으셨다. 집안 구석구석 서화나 서예 액자, 안방 병풍 속의 그림이나 빛을 내는 도자기들은 늘 익숙한 모습이었다. 아버지는 붓글씨로 한약의 처방전을 내리쓰셨고 한가한 시간에는 난도 치셨다. 술 한 잔 거나하게 드시면 시조도 한 수 읊으셨다. 아마 그런 분위기가 내게 스며들었나 보다. 도자기를 좋아하고 미술관을 즐겨 찾게 된 걸 보면.

　옛날 생각을 하며 걷다 보니 어느새 미술관 입구에 다다랐다. 오늘 전시회는 세종회관 미술관에서 열리는 스페인 화가 '호안 미로'의 특별전이다. 내겐 생소한 화가의 그림은 어떨지 기대된다. 꿈을 그리는 화가라는 호안 미로는 추상미술과 초현실주의적 환상을 대표한단다. 그에게 자연은 가장 예술적 요소가 되었고, 시인의 영혼을 가진 화가였다. 주위엔 시인 친구들이 많았다는데, 내가 수필을 쓰고 시를 써서일까. 그의 그림에 대한 막연한 친밀감이 느껴진다.

미술관 입구다. 전시회장은 가라앉은 침묵과 얕은 조명이 깔려있다. 기대와 호기심에 들뜬 마음을 깊은 호흡으로 다스린다. 먼저 화가의 약력이나 작품세계에 대한 안내문을 읽어보고 서서히 그림 앞으로 다가선다.

미술관 안은 호안 미로의 세상이다. 내 눈을 사로잡는 건 밝은 색채의 그림들이다. 빨강, 파랑, 노랑, 원색의 바탕에 선과 점, 별, 달, 새, 여인, 물고기 등 자연을 소재로 한 그림들이 친근하다. 그의 그림에서 천진난만한 아이들이 느껴지고 재미있기도 한데, 그림들을 한참씩 들여다봐도 애매모호하다. 그런데 제목도 없이 무제로 되어있다. 무엇을 의미하는 그림인지, 왜 제목은 안 붙인 건지, 환상인지 꿈의 세계인 듯, 그의 그림은 신비하다.

호안 미로의 그림을 감상하면서 밝은색이 주는 환한 분위기에 젖어든다. 그의 내면의 세계가 무척 밝다는 생각이 들고 그의 예술세계가 상상의 나래를 펴게 한다. 달과 별, 여인과 물고기는 무엇을 의미하는지 좁기만 한 나의 식견은 복잡해진다. 그런데 제목도 없다. 제목이라도 있다면 대충 유추해 볼 수 있으련만. 제목이 없다는 건 그만큼 많은 이야기가 담겨있고, 무한한 상상력을 품어낼 수 있는 원천이 되는 걸까?

조각가이기도 한 그가 흑백을 시도로 동양화도 그린다. 그의 밝은 색감의 그림들과 대조를 이루기도 하는데 동양화에서 느끼는 여백은 잠시 그가 명상에 잠긴 느낌이다. 그의 그림들에서 스페인 조각가 살바도르 달리의 작품전시회를 봤을 때의 기발한 발상의 예술품들을 생각나게 한다. 두 사람 다 스페인 사람이고 초현실주의 미술가라는 공통점이 있어서 그런가 보다.

나는 한 그림 앞에서 멈추어 섰다. 파란 하늘에서 날고 있는 새 한 마리의 그림이다. 여태껏 이해하기 버거웠던 그림들 가운데 유독 단조로운 모습이다. 요리조리 찬찬히 살펴본다. 파란 하늘에 하얀 새 한 마리가 노닌다. 두 다리를 쭉 벋어 유연한 날갯짓을 하고 있다. 뾰족한 부리는 빨간 루주를 바른 듯 매혹적이다. 새 옆에 그려진 음표에서는 어떤 멜로디가 흐르는 듯하다. 나는 그림 제목을 본다. '아! 그렇구나!' 새 한 마리의 제목은 〈춤추는 무용수〉였다. 친절하게도 제목이 붙어있다.

〈춤추는 무용수〉, 새 그림은 밝은 에너지를 가득 품고 있는 듯하다. '살면서 지치더라도 날아오를 거야.' '힘이 들면 나뭇가지 위에 쉬었다가 다시 하늘로 오를 거야.' '그리고 살아 있음을 노래하며 춤추어야지' 그림 속의 흰 새는 그렇게 말하고 있는 듯하다. 나는 〈춤추는 무용수〉 그림 한 장을 사서 집으로 왔다.

모처럼의 미술관 탐방은 나의 지루한 일상을 날려버린 짧은 여행이었다.

개나리 활짝 핀 길목에서

　아파트가 서로 마주 보는 샛길 담벼락이 노랗다. 겨우내 칙칙해 보이던 길목이 마술에 걸린 듯 환하다. 작은 종 모양의 개나리가 무리 지어 피어, 봄바람에 낭창낭창 늘어진 허리를 흔들며 오가는 사람들을 유혹한다.

　유쾌한 유혹에 푹 빠져 나는 개나리 핀 길을 서서히 걷고 있었다. 개나리의 천진스러운 모습에서 어두운 터널과 추위를 뚫고 피어난 고통이 보이질 않는다. 어느 곳에 그렇게 질긴 생명력이 숨어있었던 걸까.

　맞은편에 서너 명의 젊은 부인들이 가던 길을 멈추고 개나리를 매만지고 있다. '저들도 나처럼 개나리를 반기고 있네!'라고 생각했다. 그런데 그녀들은 개나리 가지를 손으로 붙잡고 힘껏 비트는 것이었다.

그 모습을 바라보던 나는 부아가 났다. 이제 겨우 피워낸 꽃의 가지를 꺾다니. 상식이 있는 젊은 부인들이. 내 입은 달싹달싹 무어라 해주려고 기회를 보고 있었다. 그런 내 시선을 느꼈던지 그중 한 부인이,

"미안해요. 자리에 누워서 꼼짝 못 하시는 할머니께 봄소식을 알려드리려고요."

'아! 그랬구나!' 나는 아무 소리도 못 하고 가던 길을 다시 걸었다.

할머니를 생각하는 그녀들의 마음이 예쁘기도 하고, 편찮으셔 거동을 못 하시는 할머니가 가엽기도 하고, 추운 겨울 이겨내고 이제 겨우 꽃잎을 틔운 개나리에게 미안한 마음이 뒤엉켜 있었다.

병상에 누워 머리맡에 꽂혀 있을 개나리를 보고 할머니는 무슨 생각을 하실까? 빨리 기운을 차리고 봄을 보고 싶다는 의지를 다지실까. 다행히 할머니가 거동할 수 있어 개나리 가지를 할머니네 담벼락에 심어 놓진 않으실까. 그 개나리가 뿌리를 내리고 점점 자라서 할머니네 담 주위를 노랗게 물들일지도.

내 어린 시절, 우리 뒷집, 희순이네 울타리는 개나리 나무였다. 봄만 되면 초라한 초가집은 노란 궁전처럼 화려했는데, 아버지 없이 엄마와 살던 가난한 희순이가 누리는 큰 사치였다. 그 개나리 울타리 너머로 노란 병아리들이 어미 닭 뒤꽁무니를 따라 쪼르르 넘나들었다. 작은 소반 위에 노란 조밥과 짠지 하나에도 그들은 행복해 보였다.

나는 고향을 떠나온 지 한참 뒤에 희순이의 소식을 전해 들었다. 그녀는 어린 나이에 중장비 운전을 하는 사람에게 시집을 갔단다. 시집도

가난하기는 마찬가지지만 며느리 사랑은 극진했다고. 첫딸을 낳고 난 후, 남편이 운전 사고로 죽게 되었다. 스물을 갓 넘긴 어린 새댁은 딸을 시집에 맡기고 다시 친정으로 돌아왔다. 그해 봄, 그녀의 얼굴빛은 노랗게 뜨고 야위었단다. 그녀의 집 울타리의 개나리꽃 빛도 맥없어 보였다고. 피자마자 가지가 꺾인 개나리처럼 뚝 꺾인 희순이의 인생.

몇 년이 흐른 뒤, 나는 다시 그녀의 소식을 들을 수 있었다. 상처한 홀아비에게 재취로 갔단다. 본처가 아이를 못 낳고 떠난 자리에 두 아들과 예쁜 딸까지 낳고 행복하게 산다고 했다. 그리고 얼마 전 큰아들 결혼식을 치렀는데, 다소 나이 들어 뵈는 남편 옆에서 하객들을 맞더라고. 명문대를 나온 그녀의 아들은 아주 훤칠했단다.

새로운 땅에 뿌리를 내리고 돋아난 가지에 환한 꽃을 피운 개나리처럼, 그녀는 삶의 거친 물살을 잘도 견디고 다시 꽃을 피운 것이다. 그녀가 겪었을 혹독한 겨울을 누가 알겠는가.

개나리 꽃길에서 떠올린 희순이의 삶이나 몸이 아파 누워 꼼작 못한다는 할머니의 딱한 사연이 개나리와 무관하지 않은 듯 느껴진다. 노란빛 작은 꽃잎은 지나치게 화려하지도 않다. 장미처럼 요염한 매력이나 벚꽃처럼 현란한 어지러움도 느낄 수 없다. 백합이나 수선화처럼 기품이 있거나 향기가 있지도 않다. 오히려 편안한 이웃이나 고향을 떠올리기 좋은 꽃이다. 가지를 꺾어 꺾꽂이를 해도 땅에 뿌리를 내리는 강인함마저 서민의 삶을 닮아 있다.

사람들은 세상을 살아가면서 크거나 또는 작게 꺾여 보지 않은 이가 있을까? 건강이나 물질에서 또 사랑하는 사람과의 이별이나 이루려는 목적에서. 하지만 고통을 껴안고 인내하며 묵묵히 살아들 간다. 추운 겨울이 지나면 반드시 피어나는 노란 개나리처럼 노란빛 희망을 품고 다시 새봄을 기다린다.

  집으로 돌아오는 길에 나는 되돌아서서 지나쳐 온 개나리 꽃길을 바라본다. 가지가지 사연을 품고 꿋꿋하게 살아내는 내 이웃의 삶의 모습들. 그저 주어진 환경에서 만족하고 분수를 알려는 나의 삶을 바라본다. 꽃말이 '희망'이라는 개나리를 바라보며 나는 작은 희망 하나를 품고 이 봄을 맞는다.

어느 여름날에 한 실수

우리 팀이 성당을 나선 때는 한낮이었다.

8월 폭염은 모든 것들을 말려 버릴 듯 기세등등하다. 가로수는 탈수 증세에 시달리는지 축 처져 있고 아스팔트는 뜨거운 김을 훅훅 토해냈다. 나도 자꾸 목이 말랐다. 그런데 그 갈증보다 어처구니없는 일에 더 조바신이 난다 그날 우리 팀은 H 아파트 초상집에 조의금을 전달해 달라는 부탁을 받고 나선 길이었다.

그런데 이제 어쩌지. 어떻게 잘못 낸 조의금을 되찾아온단 말인가. 초상난 집에 부아 돋우는 꼴이 되었다. 돌아가신 할머니에겐 친한 친구 한 분이 계셨다. 두 분은 정다운 자매 같았다. 두 노인은 자식들에게 짐이 되기 싫었던지 혼자 사셨다. 영감님이 돌아가시고 외아들은 타지에 나가 사는 것도 같았다. 같은 아파트 A동과 C동에 사는 두 노인은 이런 동질감 때문인지 친해졌다. 외로운 마음 서로 다독이고 의지하기는 먼 데 있는 자식보다 나았으리라.

자식 사랑은 끝도 없는 짝사랑이라는데, 뜬금없이 외아들이 보고 싶어 주르르 눈물이 날 때도 외며느리 소갈딱지에 야속해 할 때도 흉허물 없이 하소연하기는 친구뿐이었다. 늙으나 젊으나 맘에 꼭 맞는 친구 만나기가 그리 쉬운 일인가. 두 노인이 어울려 다니는 모습을 주위에서도 참 좋게 보았다. 그래서인지 사람들은 괜히 인사도 한 번 더 했단다.

"어디들 가세요. 두 분이" 하면,

"뭐가 그렇게 궁금해, 놀러 가지" 하며 맞장구를 치셨다. 서로 닮아 가는지 옷차림도 말투도 비슷해져 갔다고 했다.

그런데 두 노인의 종교가 달랐다. 한 사람은 불교 신자 또 한 사람은 천주교 신자였다. 천주교 신자 박 노인이 묵주를 돌리면 김 노인은 염주를 굴렸다. 그저 아들자식, 귀여운 손자들 잘되라는 염원이야 똑같았다. 박 노인은 신앙도 같으면 더 좋을 듯싶었는지 열심히 전교를 했다. 하지만 조상 때부터 믿어온 불교 신앙을 바꾸기는 그리 쉽지 않았든지 그 문제만큼은 녹록지 않았다.

유난히 추운 겨울을 보낸 후 초봄, 지독한 독감으로 김 노인이 한동안 고생을 했다. 정성으로 김 노인을 보살피던 천주교 신자 박 노인은 이때다, 하고 설교에 열을 올렸다. 같이 하느님 나라에 가자고.

이젠 김 노인 스스로 성당에서 예비자 교리를 받겠다고 자청을 하게

까지 되었다. 신이 난 건 박 노인이었다. 묵주도 사다주고 기도하는 법도 가르쳐주기에 바빴다. 의외로 빨리 천주교에 적응해가는 김 노인이 신기하기만 했다.

그러던 중 김 노인이 덜컥 눕게 되었다. 초봄에 앓았던 지독한 독감으로 몸이 많이 쇠약해졌던가 보다. 반짝할 기미를 보이다가 끝내 세상을 떠나셨다. 단짝인 친구를 잃고 박 노인의 충격은 컸다. 교리를 마치지 못해 영세를 받지 못한 채 보낸 친구가 더욱 안타까웠다. 주위에선 저 노인도 탈이 나면 어찌 하느냐고 걱정을 했다. 나는 조의금을 전해주러 가는 길에서 두 노인의 사연을 듣게 된 것이다.

H 아파트로 접어드니 상갓집 표시등을 매단 집이 눈에 띄었다. 망자의 성씨도 돌아가신 할머니의 성씨와 같았다. 바로 찾아왔다고 거리낄 것도 없이 9층에 위치한 상갓집으로 향했다. 현관문은 활짝 열려있었고 우리는 조심스레 집안으로 들어섰다. 외아들인 듯 건장한 남자 상주 한 사람이 망자 앞에 서 있고 몇 사람의 부녀자들이 부엌을 오갔다. 아직 조문객들이 없어 썰렁했다.

흰머리가 유독 눈길을 끄는 할머니의 영정 앞에 우리는 절을 올렸다. 그리고 상주에게 공손하게 "할머니의 친구분이 망자를 애도하며 전해 드리랍니다." 하며 조의금 통에 봉투를 넣고 그 집을 빠져나왔다.

심부름을 끝내고 집으로 가는 길에 우리는 또 다른 상갓집을 발견했다. 아파트 앞마당에 천막을 치고 조문객들에게 음식 대접을 하고 있는 그 앞을 지날 때였다. 그곳에서 봉사 나온 성당 교우를 만났고 우리는 그제야 뭔가 잘못되었다는 것을 깨달았다. 어떻게 이 복중에 김 씨 할머니 두 분이 한 아파트에서 같이 초상이 날 수 있는가. 우연치고는 고약한 우연이었다.

부랴부랴 오던 길을 되짚어 먼젓번 상갓집 엘리베이터 앞에 섰다. 오도 가도 못하고 서로에게 임무를 떠넘기느라 승강이를 벌였다. 아파트 동 호수를 제대로 확인 안 한 잘못보다 애꿎게 뜨거운 날씨 탓만 했다. 조의금 낼 때는 당당하게 앞서던 언니 뻘 자매님은 이제 나를 쳐다보고 있다. 나는 질색을 하며 손사래를 쳤다. 할 수 없이 처음처럼 세 사람이 다 같이 들어가기로 했다.

상주는 금방 다녀간 조문객들이 왜 또 왔는지 의아한 시선을 보내고 우리는 모기만 한 목소리로 자초지종을 설명했다. 그 남자는 아무 소리 없이 봉투를 찾아주는 것이었다. 나 살려라, 밖으로 빠져나오자 그제야 너무 어이없는 실수와 안도감에 웃음이 터져 나왔다. 두 분 망자가 보시기에 얼마나 버릇이 없었겠는가. 그저 죄송한 마음뿐이었다.

우리는 한 자매님 집으로 몰려가 두 분 망자를 위해 기도를 바치기로 했다.

이 시대는 고령화 사회로 접어들어 노후의 문제가 사회문제로 떠오른다. 늘어난 수명과 비례해서 노후준비는 서로 엇박자를 내기 때문이리라.

독거노인은 늘어나고 젊은 사람들도 핵가족에 익숙해져 있다. 효 사상이 상실한 지 이미 오래전이다. 뉴스에서 독거노인이 사망한 지 며칠 만에 발견되었다는 소식을 접하며 노년의 외로움과 가난, 고독을 대변해주는 것 같아 쓸쓸해진다. 누군가 늙어서 갖추어야 할 세 가지는 돈, 건강, 친구라 했던가. 한 가지 더 꼽으라면 내 영혼을 의지할 종교 생활이 아닐는지.

오래전, 예기치 않게 저지른 실수가 잊히지 않는다. 그 실수는 내 노년을 생각해보는 실마리를 제공하기도 하는데, 산다는 건 어쩌면 시행착오의 연속 선상에 있는 것 같다. 그 실수를 경험 삼아 더 조심하게 되고 지혜를 짜내 살아가는지도 모르겠다.

어느 땐 노인들의 깊게 팬 주름이 세파를 헤쳐 온 훈장처럼 보일 때가 있는데, 때론 애처롭게, 때론 아름답게 나에게 다가오는 이유는 무얼까? 그 모습에서 나는, 나의 모습을 읽고 있는지도 모르겠다.

무덥던 저 여름을 보낸 후 맞이한 또 한 번의 가을, 색색의 단풍이 유난히 곱게 느껴진다.

지하철을 타다

지하철에서 내려 대학로로 나왔다.

나는 록 뮤지컬 〈지하철 1호선〉을 보러 학전 소극장으로 향하고 있다. 소극장 안으로 들어서니 대부분 젊은 관객들이 객석을 채우고 있었다.

록 뮤지컬 〈지하철 1호선〉이 어떻게 달릴지 자못 기대하며 기다리는데, 드디어 개막을 알리는 힘찬 북소리가 울렸다. 뒤이어 뮤지컬을 축하하는 록 밴드의 신나는 연주가 흥을 돋운다.

어둡던 무대 위로 환한 조명이 비치자 연변 처녀 선녀가 등장한다. 백두산에서 만나 풋사랑을 나눈 약혼자 제비를 만나러 무작정 찾아온 한국. 설레는 마음으로 이제 막 서울역에 내린 것이다. 선녀의 손에는 약혼자 제비가 적어준 주소와 자신이 유명한 무용수라며 건네준 사진 한 장이 들려있다. 사람들에게 주소를 보여주며 제비의 소식을 수소문 하지만 그들의 표정은 왠지 뜨악하다. 독립군 거리라고 적어준 주소는 청량리 588.

무대배경이 지하철1호선 안으로 바뀌었다. 신문을 보는 사람, 졸고 있는 사람, 여느 지하철 안의 풍경 그대로이다. 순진한 연변 처녀 선녀도 〈지하철 1호선〉을 타고 약혼자 제비를 찾아 청량리 588로 가고 있다. 그곳이 어떤 곳인지 사랑하는 약혼자가 무슨 일을 하는 사람인지 짐작 못한 채….

서울역에 내려 약혼자 제비를 찾아 나선 하루 동안, 선녀가 만난 사람들은 실패한 밑바닥 인생을 살거나 가난한 서민층이다. 독특하게 설정한 극 중 배역을 배우들은 춤과 노래로 연기를 한다. 하지만 재미로 웃어넘기기엔 삶의 애환이 너무 짙게 깔려있다. 한순간 사기꾼 제비를 약혼자로 선택한 선녀의 인생은 어찌 되려는지. 관객의 몫으로 남겨진 결말은 상상을 불러일으킨다.

인생길엔 늘 선택을 해야 하는 기로에 놓이고, 그 선택은 전혀 다른 색깔의 인생으로 치닫기도 한다. 어떤 인연을 엮느냐에 따라 삶의 색깔이 빛날 수도 있고 헝클어진 매듭처럼 인생이 꼬일 수도 있으리라.

이 뮤지컬은 인생이 꼬인 사람들의 이야기를 등장인물로 삼았다. 청량리 588. 사창가의 여인 '걸레'는 희망 없는 나날을 마지못해 살아간다. 몸도 마음도 망가진 그녀에게도 한 줄기 햇살처럼 사랑의 감정이

싹튼다. 운동권 출신 '안경'도 그녀를 사랑하지만 창녀 '걸레'의 자살로 그들의 사랑은 끝을 맺는다. 운명을 거부하지 못하고 살아가는 나약한 인간의 모습, 그러나 어둠처럼 캄캄한 현실에서도 사랑을 싹틔울 수 있는 강한 인간의 본능. 사랑의 무늬는 다르지만, 사랑을 향해 한 땀씩 바친 마음이야 여느 사랑 못지않게 숭고하리라. 그래서 걸레의 죽음이 더 애절하다.

포장마차 곰보 할머니의 역할은 삶을 하루하루 성실히 살아가는 소시민이 모습이다. 가진 것도, 힘도 없지만 주어진 삶을 불평 없이 짊어지고 가는 사람들의 본보기다. 서민들이 즐겨 타는 지하철은 그들의 작은 행복과 삶의 고달픔도 함께 싣고 달릴 것이다

지하철은 어쩌면 우리네 인생과 비슷한 면이 있다. 출발역과 종착역이 있고, 환승역을 이용하여 행로를 바꾸기도 한다. 어두운 굴속을 달리다가 지상으로 나오면 찬란한 햇빛이 축복처럼 비춘다. 지하철을 타고 가며 사랑을 속삭이기도 하고 수많은 사람이 만남과 이별을 반복한다. 예기치 않은 고장이나 사고가 터지기도 하고 달리는 열차로 뛰어들어 목숨을 버리는 사람도 있다. 록 뮤지컬 〈지하철 1호선〉은 삶의 변두리에 놓인 사람들의 이야기를 해학과 유머, 교훈적인 메시지까지 담아냈다.

뮤지컬을 보고 집으로 돌아오는 길에도 나는 전철을 탔다. 자정이 가까운 시간인데도 앉을 자리가 없이 만원이었다. 나는 출입문 가장자리의 손잡이를 잡고 섰다. 록 뮤지컬 〈지하철 1호선〉의 여운이 남아서인

지 아직도 극장에 있다는 느낌이 들었다. 그러자 내가 타고 있는 이 지하철 안이 생동감 넘치는 뮤지컬의 장소라는 생각이 들었다. 다양한 사람들의 개성 있는 삶은 색다른 뮤지컬의 소재가 될 것이기 때문이다.

나는 인생이란 뮤지컬의 배우를 찾으려는 듯 주위를 살피기 시작했다. 늦은 밤이라 그런지 술에 취해 잠든 사람, 지하철이란 공공장소도 아랑곳하지 않고 젊은 남녀가 벌이는 애정행각, 손이 거칠고 매듭이 굵은 아저씨의 지친 표정, 어린아이를 두 팔로 품어 안은 젊은 여인, 오락기에서 두 손을 뗄 줄 모르는 가방을 멘 남학생, 이런 사람들이 모두 배우들 아닌가. 인생이란 열차를 타고 주인공으로 살아가는 사람들, 그들 가운데 또 한 사람의 주인공인 내가 타고 있는 것이다.

그동안 앞만 보고 달리던 길을 잠시 뒤돌아 보니, 지하철의 '덜컹덜컹' 숨넘어가는 소리처럼 나의 삶도 거친 숨을 몰아쉬며 쉼 없이 달려오지 않았던가. 영원할 것만 같던 나의 젊은 시절은 구름처럼 흘러가 버렸고, 이젠 반백의 중년 여인의 모습만 지하철 유리창을 통해 비치고 있다.

뮤지컬 〈지하철 1호선〉을 보려고 소극장을 가득 채운 젊은 관객들은 뮤지컬을 보며 무슨 느낌을 받았을까? 그 젊은이들의 모습으로 내 인생 열차를 다시 되돌릴 수만 있다면 하는 생각이 머물자, 나는 그만 피식 웃음이 났다.

내가 이런저런 상념에서 벗어난 건 정차할 역을 알리는 스피커 소리였다. 이미 내가 내릴 역을 한 정거장 지나쳐 온 뒤였다. 서둘러 정차한

역에서 내려 다시 집으로 가는 지하철을 기다리며 나는 생각에 젖는다. 돌아가기엔 이제 너무 멀리 와 버린 나의 삶이지만 성실히 살아왔기에 감사하다고.

뮤지컬 속 곰보 할머니의 대사가 생각난다.

"말귀를 알아들을 수 있을 때까지 움직일 수 있고, 기대어 설 수 있을 때까지 살 수 있다면 행복한 것 아녀"

나도 그런 소망을 해본다.

이사를 기억하다

처음 집을 사서 이사하던 날은 첫눈이 내렸다. 그때가 11월 초순이었는데 꽃잎처럼 흩날리는 눈들이 땅에 떨어지자마자 녹아버리곤 했다. 신접살림을 실은 용달차 위에도 축복처럼 눈이 스쳤다. 누군가 이사하는 날 첫눈이 내리면 좋다고 했다. 짐을 날라주던 짐꾼이었는지 아니면 용달차 운전기사이지 나는 잘 기억나지 않는다.

우리가 이사 간 집은 골목길 사이로 삼사십 평대 집들이 나란히 도열해 있었다. 그 가운데 중간쯤에 우리 집이 있었다. 새로 지어진 집이라 우리가 첫 주인이었다.

앞집 벽과 붙어있는 작은 마당 구석진 곳에는 연탄 광이 있고 그 위로 장독대가 있었다. 남향집이라 햇볕도 잘 들었다. 비록 작은 집이지만 우리 이름으로 된 집을 장만하고 보니 참 흐뭇했다.

서둘러 집 장만을 해야 했던 예기치 못한 이유가 있었는데. 결혼하고 우리 부부는 방 한 칸을 얻어 신접살림을 차렸다. 그 신혼집은 마당이 넓었다. 결혼 십 년이 넘었다지만 아이가 없는 주인집 부부와 우리 부부 두 가족이 살았다. 주인 남자는 마당에 잔디를 가꾸거나 서재에 틀어박혀 있고 안주인은 조용히 바느질하기를 즐겼다.

어느 날 주인 여자와 차를 나누면서 나는 그녀의 고뇌를 알 수 있었다. 아기를 갖으려고 갖은 노력을 해왔고 무척이나 아기를 기다리고 있노라고. 그런데 나는 결혼하자마자 임신을 해서 하루하루 배가 불러오고 있었다. 은근히 마음이 쓰였다. 그 집, 안마당 빨랫줄에 아기 기저귀를 넌다는 것이 그 부부를 얼마나 불편하게 하는 것인지를.

나는 남편에게 집을 사서 이사를 가자고 졸랐다.

"돈도 없는데 어떻게 집을 사려고?"

무슨 돈으로 집을 사냐며 뜨악해하는 남편을 부추겼다. 약간의 저축한 돈과 은행에서 대출을 얻고 방마다 세를 놓으면 될 것이라고.

첫애를 가져 볼록한 배로 집을 보러 다녔다. 마음에 들면 같은 집을 여러 번 가기도 했는데 어느 집주인 아저씨는,

"어른들은 안 오고 처녀만 와서 집을 보느냐?"며 야단을 치기도 했다. 집이 마음에 들어도 가격이 안 맞아 애를 쓰다가 그 작은 집을 사게 된 것이다.

그렇게 계획을 훨씬 앞당겨 마련한 집. 그 첫 집으로 이사를 한 뒤 새

해를 맞았고 나는 첫 아이를 낳았다. 봄이 되자 마당에 빨랫줄을 걸고 아기의 하얀 기저귀를 널었다. 남향 빛에 잘 마른 아기 기저귀에선 햇빛 냄새와 바람의 감촉이 느껴지는 듯했다.

좁은 마당 손바닥만 한 화단에는 분꽃, 채송화와 해바라기 한 그루를 심었고 계단 옆이나 베란다에는 화분을 사다 놓았다. 집이 한결 포근해 보였다. 고무나무나 관음죽은 하루가 다르게 쑥쑥 자라고 꽃들은 화들짝 피어나곤 했다. 쑥쑥 자라는 건 화초뿐이 아니었다.

첫아이도 하루가 다르게 커갔다. 어느새 벙긋 웃는가 하면 옹알이를 하고 뒤집기를 시작했다. 저녁 무렵, 남편의 퇴근 시간에 대문 벨이 울리면 이제 막 기어 다니기 시작한 아기는 허겁지겁 마루를 지나 현관 쪽으로 기어갔다. 마루로 한 발 오르는 아빠의 바짓가랑이를 붙잡고 고개를 뒤로 젖혀 활짝 웃으면 삐죽이 난 두 개의 앞니가 익살스러웠다.

이사 온 지 일 년이 훅 지나고 다시 봄이 왔다. 나는 잠투정을 하는 아이를 둘러업고 골목으로 나갔다. 골목에는 대여섯 명의 아주머니들이 쑥덕쑥덕 이야기를 나누고 있었다. 그들은 나를 보자,

"새댁 이리 와 봐요. 참 잘했네. 집값이 배로 뛰었대요. 젊은 나이에 어떻게 집 장만도 하고."

나는 그 순간 어떤 안도감에 휴! 하고 숨을 내쉬었다. 그 아주머니의 불임증이 나에게 절호의 타이밍이 되었으니. 쥐꼬리만 한 월급으로 두 배로 껑충 뛰어버린 집값을 따라가려면 집 사기는 묘연했을 테니까.

몇 년을 사는 동안 두 아이는 부쩍부쩍 커가고 집은 비좁게 느껴졌

이사를 기억하다

다. 조금 더 큰집을 사서 이사를 가게 되었다. 그때는 요동을 치며 오르던 집값이 침체기로 들어서면서 부스스 떨어지는 낙엽처럼 곤두박질치고 있었다. 나에게 집을 판 할머니는 소위 막차를 탔고, 은행 이자와 사채를 감당 못해서 싸게라도 팔게 된 것이다. 차액은커녕 큰 손해를 보게 된 할머니가 무척 딱해 보였다. 지나친 욕심의 결말이 어떤 것인지 아직 젊은 내겐 교훈이 되었던 사례였다.

다시 몇 년이 지난 후, 널찍하고 예쁜 이층집으로 이사를 하게 되었다. 신혼 때 전세를 살던 집처럼 제법 넓은 마당이 있는 이층집이었다. 파란 철 대문 밖 담장을 끼고 은행나무 잎들이 노랗게 물들어 갔고 마당 한 귀퉁이에 키 큰 대추나무는 알 굵은 대추를 다부지게도 품었다. '툭' 하고 대추가 떨어지는 소리에도 하얀 스피츠 강아지는 마치 제 소임을 다하려는 듯 '컹컹' 짖어대곤 했다.

초등학교에 다니는 두 아이의 학교가 바로 코앞이고 특히 주부로서 넓은 주방이 마음에 들었다. 오래오래 살리라 다짐했던 집. 그런데 이 년도 채우지 못한 채 지방의 도시로 이사를 가게 되었다. 남편의 직장이 송두리째 지방으로 이전을 했기 때문이었다. 집과의 인연도 사람들처럼 궁합이 잘 맞아야 하는 걸까. 산다는 것이 내 뜻으로 내 마음대로 되는 것만은 아닌 것을.

여행을 준비하듯 짐을 꾸리고 목적지에서 짐을 풀며 다녔던 이사. 여행에서 부대끼며 얻어진 많은 경험이나 체험들처럼, 내가 살아온 집들의 공간에 응축된 내 숨결, 손길, 웃음, 눈물, 발자국들….

살아온 날의 기억 속에 아름다운 색채로 남겨진 첫눈 내리던 날의 이사. 처음이라는 단어의 신선함이 묻어있는 곳. 그곳에서 두 아이가 태어나 제법 구색이 맞는 가정을 이루었던 곳. 그때가 사뭇 그리워지는 것은, 내가 살아온 영상들이 오롯이 보여지기 때문이다.

은은한 향기

오늘 아침, K에게서 전화가 걸려왔다. 전화를 끊고 나서도 한동안 수화기에서 손을 떼지 못한 채 멍하니 앉아 있었다. 둔중한 무엇으로 머리를 한 대 얻어맞은 것 같았다. 울먹이며 전해주던 K의 목소리로 미루어 그녀의 부상 정도를 짐작하게 했다. 워낙 바쁘게 사는 그녀인지라 무소식이 희소식이려니 했는데.

그녀는 크리스마스 밤 예배에 가다가 교통사고를 당했단다. 남편보다 오히려 그녀의 부상이 더 크다고 했다. 퇴원한 지 며칠 되었으니 집으로 위로 전화라도 해주라며 덧붙이는 K의 이야기를 듣고 있자니 아름다운 시 한 편을 만난 것 같았다. 그 아찔한 사고 순간에도 남편은 아내를, 아내는 남편을 살려달라고 하느님께 간절히 기도했다니.

천천히 다이얼을 돌렸다. 신호음이 여러 번 울리고서야 꺼져버릴 듯 힘없는 그녀의 목소리가 들리자, 나는 무슨 말로 위로를 해줄지 몰라 당황했다. 금방 달려갈 수 있는 거리가 아니기에 더 안타까웠다. 고통 중에도 우리 가족 안부와 새해 인사부터 건네는 예의 바르고 고운 마음은 여전했다. 그녀의 쾌유를 비는 간절한 염원을 실어 얼른 쾌차하라는 말만 자꾸 되뇌었다.

삶은 늘 만남과 헤어짐의 연속이지만 좋은 만남이 있기에 살맛이 난다. 인생의 윤활유 같은 만남도, 상처와 실망으로 남는 만남도 있으니. 그녀는 윤활유처럼 부드럽고, 싱그러운 풀잎 냄새처럼 은은한 향기로 내게 기억되는 사람이다.

15년 전, 남편의 직장을 따라 아무 연고도 없는 대전에 정착한 후였다. 그때 초등학교와 중학교에 다니던 두 아이를 전학시키고 은근히 걱정이 앞섰다. 행여 새로운 학교와 교우들 간에 잘 적응을 못 하면 어쩌나. 성적이 떨어지면 어쩌나. 그런데 정작 걱정의 불똥은 엉뚱하게 내게 튀었다. 아침이면 남편과 아이들이 직장으로 학교로 밀물처럼 빠져나간 자리에 동그마니 나만 남았다. 넓은 주택에 살다가 옮겨온 소형아파트 공간은 바다에 둘러싸인 작은 섬과도 같았다. 딱히 갈 곳도, 불러주는 사람도 없다는 것이 허전해, 창밖을 멍하니 내다보는 날들이 늘어만 갔다.

세상은 온통 화려한 꽃으로 봄의 축제가 한창이지만, 내 마음은 낙엽 진 가을 날씨처럼 스산했다. 아니, 타향의 외로움에 한기를 느끼고 있었다. 그날따라 정수리에 따갑게 내리쬐는 햇볕과 아파트 화단에 무리 지어 핀 영산홍의 진홍빛 유혹 때문이었을까? 급한 약속이라도 있는 듯 아파트를 빠져나와 택시를 탔다. 운전 기사에게 약도가 적힌 쪽지를 내밀었다. 그렇게 처음 찾아 나선 곳은 도서관이었다. 타향의 외로움을 책으로 달래 보자는 심산이었다.

그 이후 도서관을 자주 찾게 되었고, 주부 독서회에도 가입하게 되었다. 생소함에 쭈뼛거리며 독서회 문을 노크하던 날, 그녀는 나를 환하게 맞아 주었다. 부드러운 목소리와 밝은 미소에서 친근감을 느꼈다. 일주일에 한 번씩 열리는 주부 독서회는 독서 토론과 자녀교육 문제, 인생 문제 등 열띤 토론으로 시간 가는 줄 몰랐다.

나는 서서히 그 분위기에 젖어 들고 외로움의 자리에 보람이란 새싹이 돋아났다. 각자 개성이 넘치는 회원들의 삶도 살며시 엿보게 되었다. 열심히 살아가는 회원들 중에서도 단연 그녀는 으뜸이었다. 종교 생활, 청소년 상담 봉사, 알뜰하고 야무진 가정 살림과 지혜로운 자녀교육은 모두 배울 점 일색이었다. 자그마한 체구 어느 곳에서 그런 열정이 숨어 있는지 신기하기만 했다.

의논할 일이 생길 때마다 그녀는 나보다 서너 살 손아래이지만 나는 그녀를 찾았다. 마침 비슷한 또래의 자녀가 있어서 자녀 교육에 대한 대화를 많이 나누었다. 아이들 과외 선생님을 선정하는 문제를 비롯해 그녀의 풍부한 청소년 상담 경험은 사춘기의 두 아들의 교육에도 많은 도움을 얻곤 했다.

어느 날부터 후끈후끈한 그녀의 삶을 닮아 보고 싶었다. 그러자 은근히 샘도 났다. 그의 박식함을 따라 보려고 책도 열심히 읽고, 상담 공부도 시작했다. 성당 성가대에 입단해서 봉사를 하기도 했다. 하지만 이웃사랑을 몸으로 실천하려는 그녀의 노력을 흉내 내기엔 너무나 버거웠다.

한번은 그녀를 따라 시각장애인 시설을 방문하게 되었다. 그들에게 책의 내용을 귀로 듣게 해주는 녹음 봉사를 하는 일이었다. 나도 해보고 싶었다. 집에 와서 며칠을 녹음기 앞에 앉아 책을 읽으며 녹음 연습을 했다. 잘못 읽거나 마이크에 섞여 잡음이 새어들면 또다시 녹음하길 여러 번, 결국 그 일을 포기하면서 느낀 것은 그녀가 지닌 따듯한 가슴을 먼저 닮는 것이었다.

어느덧 10년 세월이 훌쩍 지나 코스모스 키를 닮았던 아이들은 미루나무처럼 커버렸다. 낯선 도시가 이젠 고향처럼 정도 들었다. 독서 회원들과 함께했던 도서관의 각종 행사와 문학기행, 해외여행을 동행하면서 아름다운 추억도 잔뜩 쌓았다. 그런데 이젠 이곳을 떠나야 한다. 10년 전 서울을 떠나올 때처럼 이별의 아픔을 다시 겪어야 했다.

때때로 살며 부딪히는 사람들에게 실망을 느낄 때나 마음이 울적할 때면 유독 그녀 생각이 난다. 인생의 여정에서 만나는 인연의 색깔 따라 삶의 그림도 때론 밝게, 때론 어둡게 그려나갈 수 있으니, 세상에서 만남만큼 소중한 것은 없는가 보다.

예기치 못한 고백

　승용차가 아파트 숲을 벗어나 천변을 지나고 있었다. 석양이 붉게 물든 천변 주위는 코스모스가 지천이다. 무리 지어 핀 꽃들이 바람 따라 파도를 탄다. 그 아름다운 풍경에 취해 우리는 잠시 말문을 닫은 것 같다. 운전석에는 그녀가, 그 옆 좌석에 내가 앉아 있다. 그녀는 서울로 올라가야 할 나를 기차역까지 배웅해 주는 길이다.

　복잡한 도로를 벗어나 조금 한적한 길로 들어설 무렵이었다. 다시 말문을 연 건 그녀였다. 자못 심각한 어조로 "민우 엄마" 하고 나를 불렀다. 나는 "응" 하고 시큰둥하게 대답을 했다. 오늘 하루 빡빡했던 일정 탓인지, 나는 연신 하품을 하는 중이었다. "나, 이제 깊은 정을 주진 않을 거야." 듣고 있던 나는 이게 웬 풍딴지같은 소리지 하며 되물었다.

"뭐라고?" "나 이제 누군가에게 깊은 정을 절대 주지 않을 거라고."

갑작스레 심각해진 그녀의 말투에 나는 냉수 한 사발 마신 듯 퍼뜩 정신이 났다.

지금 나한테 무언가 고백할 게 있나 보다. 나는 바짝 긴장이 되었다. 어떤 내용인지? 어떻게 답변을 해주어야 그녀에게 위안이 될는지. 전전긍긍 모드로 돌입을 했다. 하품을 해대서 줄줄 흐르던 눈물을 손수건으로 닦아내곤 조신하게 다음 스토리를 기다렸다. 왠지 버스를 타고 가겠다고 해도 굳이 자기 차로 바래다준다고 나를 태우더니만.

내가 서울로 이사 간 지도 벌써 두 해째다. 그사이 그녀에게 내가 모를 심각한 일이 생기기라도 한 건가. 길다면 긴 시간이지만 가끔 안부 전화도 하고 두어 번 만나러 내려와서 그리 적적하진 않았는데, 상처가 느껴지는 말을 하는 걸 보면 마음의 응어리가 큰가 보다. 그동안 누군가에게 깊은 정을 주고 상처를 입었다면? 내 머릿속은 빠른 회전을 하기 시작했다.

언젠가 문화센터에서 사교춤을 배우며 뱃살을 많이 뺐다고 나에게도 귀하더니. 혹시 춤바람 후유증은 아닐까. 저리도 단호하게 말하는 걸 보면 꽤 심각한 건 틀림없다. 여자나 남자나 늦바람에는 약도 없이 더 무섭다는데. 아니, 그런 게 아닐 거야. 내가 십 년 동안 지켜본 그녀는 바람하고는 거리가 먼 사람이었어. 그런데 사람 일을 누가 알겠는가. 내 궁금증은 요동을 쳤지만 어렵사리 꺼낸 그녀를 채근할 수 없어 눈치만 살피고 있었다.

하긴, 나는 이제 이곳을 떠나간 사람이고 무슨 고백인들 부담은 없겠지. 평소 내 입이 가벼워서 이 말을 저기다 옮기는 사람이 아닌 줄 겪어봐서 알 테고. 얼마나 답답했으면 오랜만에 만난 내게 풀어놓으려는 걸까. 무슨 말인데 이렇게 꺼내기 힘든 거지. 특유의 충청도 느린 표현을 이해해도 너무 뜸을 들이고 있었다. 그녀는 운전을 하느라 다시 침묵으로 일관했다.

그녀와 나는 아들 학부모로 만났다. 초등학교 학기 초에 서울에서 전학을 온 우리 아들과 그녀의 아들이 짝이 되면서 가까워지기 시작했다. 연고도 없는 도시로 이사를 오니 답답한 점이 한두 가지가 아니었다. 이곳 토박이인 그녀에게 물어보면 훤히 꿰뚫고 있는 정보들이 도움이 되었다.

그러던 어느 날 그녀의 집에 초대받게 되었다. 현관문을 열자 조그만 강아지 한 마리가 쪼르르 달려왔다. 말티즈 종자의 흰색 강아지인데 낯선 사람을 경계하는지 컹컹 짖어댔다. "애는 누구만 오면 더 극성을 부린다."며 그녀는 강아지를 등에 업어 보자기로 싸맸다. 그 모습으로 찻물을 끓이는 그녀를 바라보며 나는 좀 유난스럽다고 느꼈다.

찻잔을 앞에 놓고 그녀는 자기의 이야기를 털어놨다. 적극적이지 못한 성격이라 대인관계에 어려움을 겪는다고. 누구를 선뜻 사귀거나 친해지려면 애를 먹는다고 했다. 더 걱정인 것은 아들이 자신의 성격을 꼭 빼닮았다는 것이다. 다행인 것은 활달한 우리아들과 잘 어울리게 되어 내심 좋아하고 있단다. 차를 마시는 내내 무릎에 앉힌 강아지를 쓰다듬고 있었다. 나는 그의 손을 주시하며 성격 때문에 강아지에게 더 정을 주는 것 같이 느껴졌다. 그런 그녀가 나에게는 스스럼없이 대해주어 다행이었다.

그녀를 떠올리면 깻잎장아찌 생각이 나는데, 그녀의 깻잎장아찌 맛은 일품이었다. 독에다 삭힌 깻잎을 깨끗이 헹구어 물을 뺀 것이 큰 소쿠리로 가득했다. 종잇장보다 얇은 깻잎은 무척 많은 양이었다. 가을 햇볕에 여문 햇밤을 까서 채 치고 통깨와 실고추도 준비해 놓았다. 깻잎장아찌 담그는 날은 김장하는 날 같았다. 갖가지 재료로 만들어진 양념을 한 켜씩 깻잎에 바르는데 시간도 정성도 보통이 아니었다. 친척 몇이 도와주러 오는데 그때, 나도 꼭 불러주었다. 김치통 가득 얻어 온 깻잎은 겨우내 밑반찬으로 최고였다. 따끈한 밥에 '척' 올려 먹으면 다른 반찬이 필요 없을 정도다.

어느덧 십 년이란 시간은 훌쩍 지나가고 아이들은 대학 초년생이 될 때였다. 남편의 직장 따라 이 도시로 이사를 왔고, 남편의 퇴직으로 다시 서울로 이사를 하게 되었다. 몸이 멀어지면 마음도 멀어진다고 했던가. 소식이 점점 뜸해질 무렵, 나는 지인의 결혼식이 있어, 오늘 이 도시에 내려오게 되었다. 오랜만에 이곳 친구들도 볼 겸 미리 연락을 해두었다. 그렇게 만난 그녀가 나를 바래다주는 차 안에서 돌발 발언을 한 것이다.

이제 저 앞이 역전인데 나는 조급증이 났다. 말을 꺼냈으면 무슨 말이라도 해야지. 신호를 기다리는 동안 나는 "혹시, 무슨 일이 있는 거야." 하고 그녀에게 넌지시 되물었다. 승용차는 벌써 역 입구로 들어섰는데 그제야 그녀의 입이 열렸다.

"2년 전, 자기 서울로 떠나고 난 뒤 얼마나 서운했는지 몰라." "나 한동안 힘들었어!"

의외의 대답에 멍하니 그녀 얼굴만 응시하며 대꾸도 못했다. 그녀는 말을 이어갔다. 표정은 약간 일그러져 있었다.

"그런데 요즘은 더 힘들어. 우리 해피 하늘나라로 갔어. 벌써 보름이나 지났는걸." "나 이제 누군가에게 깊은 정을 주지 않을 거야."

이 말을 끝으로 듣고 나는 차에서 내려야 했다.

차들에 밀려 휑하니 떠나버린 그녀의 승용차 뒤꽁무니만 쳐다 보다 고맙다는 인사도 못 한 것이 생각났다. 의외의 고백에 상상으로 가득했던 머릿속이 한꺼번에 와르르 무너지는 것 같았다.

나는 열차 시간에 맞추려 총총히 발걸음을 옮겼다. 서울로 돌아오는 기차 안에서 그녀의 말이 마음속에서 지워지지 않았다. 나에게 정을 듬뿍 주었다는 것이 새삼 고마웠다. 가족이나 다름없던 강아지를 잃은 그녀의 마음을 헤아릴 수 있었다. 누군가 사귀기 힘들다는 그녀, 누군가에게 정을 주면 정을 떼기도 힘들어한다는 걸 비로소 알았다.

그녀는 참 좋은 사람이었다.

처네 포대기

 거리를 지나다가 포대기로 아기를 업은 여인을 만나면 그렇게 반가울 수가 없다. 요즘 신세대 엄마들의 신식 포대기보다 멋은 없지만, 왠지 푸근해 보여서 좋다.
 엊그제 지하도 에스컬레이터에서 포대기로 아기를 업은 부인을 만났다. 아기엄마의 어깨 위까지 덮였던 고트를 내리자 포대기 속의 아기 얼굴이 드러났다. 이제 막 잠에서 깬 듯 부숭부숭한 얼굴에는 홍조를 띠고 있었다. 맑은 샘물 같은 아기의 눈이 마냥 평화로워 보여서, 포대기 속이 마치 엄마의 사랑 외엔 그 무엇도 범할 수 없는 신성한 요람처럼 느껴졌다.
 내가 대여섯 살 때쯤, 등에 무언가 업기를 좋아했다. 작은 베개를 업기도 했지만 주로 집에서 키우던 얼룩무늬 새끼고양이를 업곤 했다. 얼굴이나 손등에는 고양이가 할퀸 자국으로 상처가 아물 날이 없었다. 이런 내게 어머니는 인형을 만들어주셨다. 하얀 천으로 몸통을 만들어 그 속을 좁쌀로 채우고 빨강 치마 노랑 저고리도 입혔다. 머리에는 고깔모자를 씌우고 입과 코는 먹물로 그려 넣었다. 그 후 나는 인형을 업어주거나 잘 때도 꼭 안고 자곤 했다.

결혼하고 아기가 태어나자 솜을 넣고 촘촘히 누빈 처네 포대기를 샀다. 어머니가 나를 업어 키우시던 생각을 하며 내 손으로 포대기를, 잠시 눈을 감으니 눈시울이 축축해졌다. 첫아기를 낳자 친정어머니가 포대기를 장만해주었다던 친구가 마냥 부러웠다. 어린 시절 인형을 만들어 내 등에 업혀 주시던 어머니, 어머니가 살아 계시다면 손자를 업어 보시며 얼마나 대견해 하셨을까?

여린 새순 같은 아기를 돌보며 나는 점점 생명의 신비에 빠져들었다. 마치 아기를 위해 내가 존재하는 것만 같았다. 아기의 천진스러운 표정과 손짓발짓, 옹알거림을 들으며 나는 행복한 마술에 걸리곤 했다. 모성이란 샘은 참으로 묘해서 아무리 퍼내도 마르지 않는가 보다.

사두었던 옥색 포대기를 꺼내서 처음 아기를 업어보던 날, 어릴 때 인형을 업어주던 경험 때문인지 어색하지 않았다. 어쩌다 외출할 일이 생길 때면 아기를 등에 업고 발뒤꿈치를 들썩이며 균형을 잡았다. 그리고 나서 포대기로 둘러서 업었다. 행여 끈이 느슨해져 풀어지기라도 할까 봐 몇 번이나 꼭꼭 동여맸다. 두 손으로 아기의 엉덩이를 받치고 길을 나서면 발걸음도 가뿐했다.

싱그러운 아기 냄새와 비릿한 젖 냄새가 등에 배일쯤이면 뜨끈한 아기의 오줌 세례를 받기 일쑤였다. 포대기를 앞으로 빙 돌려 젖가슴을 살짝 드러내고 아기에게 젖을 물렸다. 그 순간은 나에게 주어진 귀한 생명을 키워낸다는 뿌듯한 소명감으로 충만했다.

어느새 등에 업힌 아기는 내 머리카락을 손으로 움켜쥐기도 하고 어깨를 붙잡는 힘도 늘어만 갔다. 엉덩이를 들썩거리며 까불러 대는 바람에 포대기가 느슨해져 다시 둘러업어야 했다. 이렇게 활발하던 아이가 아프기라도 하면 등에 업고 병원 응급실로 뛰었다. 밤새 고열에 시달리는 아기 옆에서 내 심장도 말라버릴 것 같은 조바심과 염려로 새웠던 밤들. 어린 시절 유난히 병치레가 잦았던 나를 간호하시던 어머니의 마음도 이러했으리라.

아기가 쌕쌕 잠이 들면 그 고른 숨소리를 들으며 나는 어머니가 불러주셨을 나지막한 자장가 소리를 찾아 떠나곤 했다. 어머니는 나를 등에 업고 볼기짝을 토닥토닥 두드리시면, 나는 스르르 눈을 감고 잠이 들었으리라. '자장자장 우리 아기, 멍멍 개야 짖지 마라, 꼬꼬 닭아 우지 마라, 우리 아기 잘도 잔다.' 아주 멀리서 들려올 것만 같은 자장가 소리를 느껴 보며 나는 어머니를 그리워하곤 했다.

나는 6·25 전쟁 중에 태어났다. 어머니가 나를 낳은 지 삼칠일 만에 일사 후퇴가 터졌다. 몸조리도 못 한 산모는 부실한 몸을 끌고 피난길로 내몰렸다. 포성이 울리는 피난길은 엄동설한 추위까지 겹쳐 힘난하기가 이를 데 없었을 것이다. 당신의 건강보단 어린 핏덩이 걱정을 하시며 무거운 발걸음을 떼셨을 어머니. 어린 내가 얼어 죽을까 봐 솜을 둘러 이불로 싸고, 정신없는 피난길에 행여 아기의 코가 막힐까 봐 모로 업어 포대기를 두르셨단다.

온전히 자식을 위해 당신의 삶을 사셨던 분, 살아생전 건강이 좋지 않으셨던 어머니를 생각하면 안타까움이 인다. 전쟁만 일어나지 않았다면, 산후조리라도 제대로 하셨다면, 나이 쉰을 못 넘기고 세상을 떠나시진 않았을 것을….

포대기로 업어 키운 나의 두 아들은 이미 성년이 되었지만, 지나고 보니 그 시절만큼 행복했던 시간도 없는 것 같다. 그래서인지 포대기로 아기 업은 모습을 보면 아이들 키울 때가 떠오르고, 나를 키워주신 어머니의 노고와 사랑을 느낀다.

지금 어머니가 살아 계시다면, 삭정이처럼 가벼워지셨을 그분을 업어드리고 싶다. 예전엔 어머니의 등이 더없이 포근했던 나의 요람이었듯이, 어머니를 업어드리며 나의 따스한 사랑을 전해드리고 싶다. 딱 한 번만이라도….

거리를 지나치다 아기를 포대기로 둘러업은 여인을 만나면 나는 괜스레 반가워서 다시 한 번 그녀를 쳐다본다.

4부

분재 예찬

공명의 방

　바이바르만 7세가 어머니를 위해 건립했다는 불교사원 타프롬.
　'세계 7대 불가사이'란 명칭에 걸맞게 섬세하고 독창적인 건축법이 돋보인다. 돌(사암)을 쌓아 올려 지은 아름다운 사원의 모습은 신의 손길을 빌어 지은 조각품 같다. 하늘을 향해 가파르게 쌓아 올린 외벽에는 곡예를 하듯 조각품들이 새겨져 있고, 지붕을 대신한 부처의 얼굴상은 묘한 신비감에 젖어있다.
　사원 내부로 들어서니 돌기둥 사이로 복도가 놓여 있다. 미로 같은 복도를 따라가다 보면 작은방들로 연결되어 있는데, 방들의 내벽은 작고 큰 사암들로 서로 깍지를 끼듯 견고하게 맞물려 있다. 위로 향할수록 좁아지는 높은 천장에는 구멍이 뚫려있다. 그 구멍으로 시공을 넘나들 듯 바람이 드나들고 파란 하늘이 거울처럼 맑게 내비친다.

불상이 모셔진 방은 두 손 모아 염원을 빌던 기도의 장소인가 보다. 햇빛이 들면 벽에 촘촘히 박힌 루비가 영롱한 붉은 빛을 발했다던 보석의 방, 루비는 간 곳 없고 피처럼 붉은 루비가 남긴 상흔만 횅하다. 앙코르와트 유적 군만 남기고 찬란했던 크메르 제국이 말없이 스러졌듯이.

공명의 방 입구에 다다르자 여행가이드는 우리 일행의 앞을 막아섰다. 그리고 아무 설명도 없이 두 사람씩 방으로 안내를 했다. 마음을 차분히 가다듬고 손바닥으로 가슴을 쳐보라나. 나는 눈을 지그시 감고 손바닥으로 가슴을 내리치니 순간 '둥' 하고 내 몸속에서 천둥이 치는 것 같았다. 신비한 느낌에 젖어 또다시 가슴을 두드려보았다. 그러자 마치 거문고 현을 뜯어 울리는 여음처럼 내 몸은 빈 악기가 되어 울리고 있었다. 가슴에서 머리로 다시 온몸으로 메아리가 되어 맴돌았다. 천년의 소리가 시공을 넘어 나에게 전해오는 것만 같았다.

바이바르만 7세는 이 공명의 방 (울림의 방)에서 어머니께 못한 효도를 통회하며 눈물을 흘렸다고 한다. 옛날 크메르 제국은 왕족끼리만 결혼하게 되었지만 바이바르만7세의 어머니는 평민과 사랑을 해서 베트남으로 도피를 했단다. 두 사람 사이에서 바이바르만 7세가 태어났다. 그런 애틋한 사랑은 깊은 사연을 남겼나 보다. 왕족이란 신분도 잊고 평민을 사랑했던 바이바르만의 어머니나 그 어머니를 그리며 눈물을 흘렸다는 바이바르만 7세. 사랑 앞에서는 왕족이란 신분도 자신을 신격화했을 크메르 제국의 왕도 어쩔 수 없는 인간의 모습이었다니. 그래서일까? 공명의 방 울림 속에 분명 어떤 메시지가 담겨있는 것 같았다.

신비한 체험을 한 공명의 방을 거쳐 사원 뜰로 나왔다. 작은방 하나에도 각각의 사연이 깃들어 있는데, 천년의 아름다운 폐허에는 얼마나 많은 사연이 간직되어 있는 걸까? 예사로워 보이지 않는 사원의 여러 모습이 사연을 간직한 작은방들로 내게 다가왔다.

그러자 아름다운 사원을 조각하며 예술혼을 불어넣었을 장인들의 손길이 느껴졌다. 사원을 감싸고 있는 검고 푸른 이끼와 하얀 백태는 그들의 혼과 땀방울이 모인 정령들 같았다. 벽 속에 새겨진 압살라 여신상은 금방이라도 사뿐사뿐 걸어 나와 풍만한 젖가슴을 흔들며 관능적인 춤을 출 것만 같았다. 장인들의 망치 소리와 여신들의 악기 소리가 먼 곳에서 들려오듯 내 귓가를 간질였다.

사원의 포석을 뚫고 무섭게 치솟아 오른 수평 나무의 거대한 뿌리는 똬리를 틀 듯 사원 건물을 휘감고 있다. 서로 뒤엉킨 모습은 악연의 고리를 벗어나지 못하는 인간의 고뇌를 보는 듯하다. 지그시 눈을 감고 뜻 모를 미소를 머금은 돌부처는 삼매경에 든 걸까. 이제 막 해탈의 문에 이른 표정인지도 모른다. '인간들아, 미움도 집착도 다 부질없음이니'라고, 말해주고 싶은 걸까.

사원 뜰 곳곳에는 부서져 나뒹구는 석물 덩어리들이 쌓여있다. 천년의 세월 동안 돌무덤처럼 버려져 있다. 한때 신전의 기둥이나 주춧돌이었을 저들. 신전에 울리던 청아한 독경 소리와 향긋한 향내마저도 잊은 지 오래일 것이다. 저들의 모습에서 나는 싸늘하게 식은 죽음 냄새를 맡는다. 내가 지금 살아가는 이 세상처럼 이곳에도 신과 인간, 사랑과 미움, 생과 사의 흔적들이 정적 속에 잠겨있다.

여행에 지친 다리를 잠시 쉬느라 돌 위에 앉았다. 열대의 기온과 익숙하지 않은 풍경들. 나는 이곳에 바람처럼 가벼운 발자국 하나 찍고 무엇을 느끼며 가는 걸까. 이명처럼 내 귓가를 맴도는 공명共鳴의 방의 그 울림은 무엇이란 말인가. 덫에 걸려 풀리지 않는 수수께끼 같았다.

돌의 딱딱함이 엉덩이에 느껴지자 나는 자리에서 일어섰다. 그 순간 내 뇌리를 영감처럼 스쳐 가는 느낌. 아! 공명의 방의 그 울림, 그것은 간절한 사랑의 메시지였는지도 모른다. 사원 내부로 들어서자 시원함 아니 서늘함마저 감돌았던 건, 현세의 사람들에게 전해주고 싶은 시공을 초월한 간절한 메시지이었는지도.

'깊은 잠에 주검처럼 굳어진 저 석물들을 보라.' '죽음은 말이 없나니 살아있는 동안 아낌없이 사랑하고 넘치도록 사랑받는 삶을 살아가라'고.

신을 향한 인간의 영속적인 사랑과 어머니를 그리는 자식의 사랑, 신분을 초월한 아름다운 사랑이 담겨있는 타프롬 사원. 이곳에서 느낀 따스한 사랑의 메시지는 오래도록 내게 머물 것이다.

해송 숲을 바라보다

이 좋은 가을날!

하필이면 여행하는 날에 무심히 비가 내린다. 큰아들 가족과 떠나온 여행길인데. 그나마 깔깔대는 손녀의 웃음소리마저 없다면 더 음산하게 느껴질 날씨다.

안면도 해변도로를 구불구불 이어 달린다. 잔잔하게 내리던 빗줄기가 물 폭탄 터지듯 굵은 빗줄기로 변해 차창을 때리기 시작한다. 와이퍼가 쉴 새 없이 움직인다. 저만치 회색빛 하늘과 회색빛 바다 가운데 빨간 등대가 시선을 끈다. 등대라면 흰색을 떠올렸는데 빨간 등대라니. 저 빨간 등대의 의미는 뭐지? 살다 보면 의외라는 단어에 고개를 갸우뚱하게도 된다. 예약해둔 콘도에 도착해 보니 빗줄기는 더 거칠어져 있다. 객실에 트렁크를 놓아두고 나는 다시 프론트로 내려왔다.

 넓은 창밖으론 바다의 전경이 펼쳐지고 있다. 한껏 성난 파도는 바람을 업고 창 쪽으로 돌진을 하다가 더 큰 파도에 밀려 사라지곤 했다. 저렇게 성난 파도를 지척에서 본 적이 있던가. 아마 나는 처음일 것이다. 무언가 집어삼킬 듯 그 거센 위용에 무섭기도 두렵기도 했다.

 한참을 바라보던 바다 앞쪽에서 푸른 무리를 본 것은 내 고개의 시선을 살짝 틀고 나서다. 그곳은 죽 뻗어 키가 큰 해송 숲이었다. 그 밑을 카페로 활용하는지 의자와 탁자가 놓여 있었다. 바다를 바라보며 마시는 차 한 잔의 분위기를 느껴보기엔 상황이 좋지 않았다.

 파도를 싣고 온 바닷바람은 해송 숲도 무수히 때리고 있었다. 키다리 나무들은 바닷바람에 중심을 잃고 흔들거린다. 저러다 허리가 툭 부러지면 어쩌지. 쳐다보는 내가 안쓰럽고 걱정이 되었다. 그런데 소나무들은 촘촘히 서서 서로서로 손을 꼭 잡고 스크럼이라도 짜듯이 일정한 방향으로 움직였다가 다시 다른 방향으로 바람을 타고 있었다. 이런 역경은 처음이 아니라는 듯이. 우리에겐 바람을 막아야 하는 사명감도 있고 또, 어쩔 수 없는 운명에 순응할 뿐이라며 견디어 내고 있는 듯했다.

 왜? 그때, 언젠가 TV에서 보았던 남극 펭귄의 생존 방법이 떠올랐다. 혹독한 추위를 이기려고 똘똘 뭉쳐 체온을 유지하며 추위에 대응한단다. 한 무리의 펭귄이 바깥쪽에서 추위를 막다가 적당한 시간을 봐서 안에 있던 펭귄과 자리 교체를 한다는 것이다. 현존의 시간에 집중하며 살아내는 것이리라.

이제껏 내가 보아왔던 해송 숲들은 시원한 그늘이었고 바다와 드넓은 모래사장과 어우러져 아름다움을 연출하던 풍경이었다. 평화로운 그들의 모습에서 고뇌를 느껴보기엔 너무 좁은 안목이었다.

여러 바닷가의 해송 숲에서도 유독 기억에 남는 곳이 있다. 오래전 강원도 옥계 해수욕장에 갔을 때이다. 아름다운 해안도로는 길게 이어졌고 시야를 푸르게 물들여 주었다. 주변에 탄광촌이 있는지 석탄 더미들이 작은 산처럼 쌓인 모습이 간간이 눈에 띄었다.

한참을 돌아 도착한 우리 일행은 작은 어선을 가지고 고기잡이를 하는 선주의 집에 방을 빌려 짐을 풀었다. 넓은 안마당에는 어항처럼 사용한다는, 시멘트로 만든 큰 사각 틀이 있었다. 뒤꼍에는 바구니와 망으로 만든 기구에 생선들이 꾸덕꾸덕 말라가고 있었다. 비릿한 냄새를 풍기며.

첫날밤, 해송 숲에 돗자리를 깔았다. 넓게 펼쳐진 모래사장과 아담한 소나무들이 빽빽하게 무리 지어 초록빛 지붕 같았다. 그 밑에 텐트를 치거나 돗자리를 깐 캠핑족들로 문전성시를 이루고 있었다. 달빛과 가로등 불빛을 조명 삼아 멋진 그림을 연출하던 밤바다의 해송 숲은 낭만에 취하기 안성맞춤이었다. 밤바다를 들락거리며 더위도 식히고 떠온 회에 소주도 한 잔씩 나누었다. 그런데 일행 중 A 여사가 배탈이 났다. 남자들은 밤에 약을 구하러 다니고 한바탕 난리를 겪었다. 그날 이후, 나는 여행 갈 땐 상비약부터 챙기는 버릇이 생겼다.

새날이 밝았다. 어제의 비바람은 언제 적 이야기인지 쾌청한 하늘과 내리쬐는 태양 빛이 온 대지를 밝혔다. 아들과 손녀는 벌써 바닷가로 나갔는지 보이질 않는다. 나도 바닷가로 향했다. 썰물 시간인지 바닷물은 저 멀리 밀려갔다.

잔잔한 바람, 맨발에 느껴지는 고운 모래의 감촉, 눈을 찡그리게 하는 태양 빛의 황홀함, 지평선 저 멀리 이어진 푸른빛의 향연, 어느 것 하나 놓치고 싶지 않은 풍경이다. 코로나로 썼던 답답한 마스크도 벗고 신선한 바다의 기운을 맘껏 들여 마셨다.

파도가 쓸려간 자리 안쪽에서 아들과 손녀는 장난감 삽으로 모래를 퍼 올려 모래성을 쌓고 있다. 두꺼비 집도 만드는지 손놀림도 부지런하다. 나는 저 안쪽까지 들어갈 엄두가 나지 않아 바라만 보고 있었다. 물이 차츰 밀려온다. 빠른 속도의 밀물은 여태껏 정성으로 쌓은 손녀의 모래성을 흔적도 없이 지울 것이다. 한순간 사라지는 것들에 대한 아쉬움이 인다. 나는 얼른 거기서 나오라고 손녀를 향해 소리치며 손짓을 해댄다.

모래사장을 벗어나서 해송 숲에 이르렀다. 어제의 험난한 고난을 아는지 모르는지, 소나무들은 큰 키를 하늘로 뻗어 묵묵히 서 있다. 나는 묻고 싶었다. 얼마나 무섭고, 얼마만큼 외로웠냐고. 거친 바닷바람과 세찬 파도를 견디느라고 얼마나 힘들었냐고. 그들은 아무 말없이 젖은 몸을 햇볕에 맡기고 있었다. 위급한 상황에 자기도 모르게 난 상처와 굳게 박힌 옹이를 쓰다듬고 있는 듯했다. 서로를 끌어안고 위로하며 사랑을 확인하는 것만 같았다. 이 세상에는 직접 겪어봐야만 비로소 알 수 있는 고통의 크기들이 얼마나 많이 존재할까?

  나는, 그들의 치유 시간을 방해하면 안 될 것만 같았다. 말없이 소나무의 등걸을 잡고 손바닥으로 쓰다듬어 줄 뿐이었다. 그들의 심정이 어떤지 나만의 어림짐작으로 가늠해 보았다. 내가 발걸음을 돌려 우리의 숙소인 콘도 입구에 다다랐을 때, 나는 멈춰 서서 해송 숲을 한 번 더 바라다보았다.

술에 취한 듯 여행에 취하다
- 나의 첫 해외 여행기, 일본

　우리나라도 이제 막 해외여행이 봇물 터지듯 할 때였다. 거기에 편승이라도 하듯 나도 첫 해외여행을 가게 되었다. 여행지는 일본이었고, 1991년 이른 봄이었다. 아득해 뵈는 27년 전의 일이다.

　미지의 세계를 향한 설렘은 어린 시절 기차를 처음 타보던 때를 떠올리게 한다. 시골 촌뜨기 어린 소녀는 검은 쇳덩어리가 흰 연기를 내뿜으며 달려오던 기차를 기억한다. 두려움에 엄마의 손을 꼭 움켜잡았다. 기차를 타고 빠른 속도감에 놀라며 처음 본 서울 구경에 어리둥절했던 기억을. 아마 그때와 비슷한 느낌이랄까.

　비행기가 떴다 싶은데 벌써 일본 나리타 공항이다. 두어 시간 남짓 지척의 거리일 줄이야. 역사적인 악연과 가깝게 인접한 이웃이라는, 멀고도 가까운 나라라는 말이 실감난다. 공항 안내 데스크에서 일본말이 흘러나온다. 마음에선 작은 용트림이 스멀스멀 꿈틀댄다.

　일본의 체취처럼 소금기가 실린 듯 끈적끈적한 바람이 얼굴을 스친다. 앞으로 만날 섬의 나라, 화산의 나라가 기대된다. 동경 거리를 지나 천왕이 살고 있다는 황거에 이르렀다. 성을 중심으로 빙 둘러싸인 해자는 어떤 침략으로부터 성을 보호하기 위한 거란다. 내부의 넓이가 꽤 넓다는데, 일 년에 두 번만 일반에게 공개해서 우리는 황거의 내부는 볼 수 없었다. 그 주위를 이룬 울창한 숲의 경관만 감상했을 뿐이다. 우리나라의 부드러운 선과 고운 색조로 조화된 궁궐의 모습보다 다소 밋밋한 느낌이 대조를 이룬다.

　여행 스케줄 따라 움직이는데 꼭 무언가에 취한 것만 같다. 부엌에서 밥만 하던 주부는 이곳에 없었다. 생기가 돌고 신나고 적당한 긴장감도 느껴지는 야릇한 감정에 쌓인다. 오랜만에 가족을 떠나 나만의 신선한 해방감이라니. 야호! 날아갈 것만 같다.

　우편엽서에서 보았던 동경 타워의 현란한 야경, 이곳을 눈으로 직접 보다니. 하늘로 치솟은 높이와 철물 구조로 단단한 외형이 거대하다. 엘리베이터를 타고 전망대에 올라 동경 시내를 내려다본다. 동경 시내는 서울 모습과 별반 다르지 않았다. 지진이 많은 나라에서 어떤 공법으로 지었기에 이리도 높을 수 있는 걸까. 밤이라면 더 좋았을걸. 야경 속에 묻혀 반짝이는 추억을 만들었을 텐데. 야경의 미련은 버리고 밀랍 인형을 구경하고 우동 한 그릇을 사 먹으며 아쉬움을 달랬다.

일본 전자제품이 한창 인기를 구가할 때이다. 아끼아바라 전자상가는 빼놓을 수 없는 여행 코스인가보다. 카메라를 산다. 밥솥을 산다. 한바탕 쇼핑을 하다 보니 메이드 인 코리아도 간혹 눈에 띄었다. 그 반가움이란 무어라 말할 수가 없다.

긴자 중심부에 있는 다이찌 호텔에 여장을 풀고 긴자거리로 나갔다. 아직 초저녁인데 상점들은 대부분 철수 준비를 하고 있었다. 우리나라 명동거리와 맞먹는 곳이라는데 을씨년스러웠다. 물건 가격표를 보자 일본의 높은 물가에 입이 벌어진다. 그 밤거리를 걸으며 추억을 만드느라 어제 산 카메라 셔터 소리가 끊이지 않았다. 이국의 밤도 서서히 깊어간다.

일본의 정치 일번지라는 국회의사당을 방문하면서 나는 또 한 번 마음이 뒤틀렸다. 그곳을 지은 건축재료들이 우리나라에서 공수해간 것들이 많단다. 식민지의 아픔은 유령처럼 곳곳에 서려 있었다. 일본을 여행하면서 새삼 조국이란 단어에 힘이 주어진다.

우리가 여행 중에 변덕스럽다는 일본의 날씨는 연일 쾌청했다. 버스로 고속도로를 세 시간 정도 달려 도착한 곳은 하코네였다. 일본은 화산으로 생긴 호수들이 있는데 하꼬네의 아시노꼬 호수(갈대의 호수)도 그중 하나다. 화산 폭발로 인해 생긴 웅덩이에 물이 고여 호수가 된 것인데 웬만한 큰 강처럼 넓다. 그 호수를 가르며 빠르게 달리는 유람선 위에서 우리 일행은 와! 하는 환호 소리와 깔깔대며 웃느라 왁자지껄했다.

유람선 주위는 5월의 신록이 찬란하고 우리의 머리카락은 바람 따라 이리저리 휘날렸다. 저 멀리 보이는 후지산이 구름에 걸쳐 있는 듯하다. 우리의 최종 목적지 후지산이 점점 가까워지고 있다.

하코네에서 머문 그다음 날, 아타미 온천장으로 이동했다. 우리의 숙소는 상큼한 바닷바람과 드넓은 푸른 바다로 둘러싸여 있다. 이국의 바닷가에서 나는 심호흡을 해본다. 푸른 생기가 살아있는 저 바다, 나를 삼켜버릴 것 같은 저 압도감, 그저 자연 앞에서 작아지며 겸손해지는 한 인간의 모습으로 나는 서 있다.

목욕을 좋아하는 나는 찜찔한 소금기 도는 온천수에 몸을 푹 담근다. 전신으로 짜릿한 쾌감이 전해지고 온 신경은 보들보들 유연해지는 느낌이다. 우리 집 옆에 이런 온천 하나 있었으면, 그것이 부러웠다. 욕심 같으면 며칠이고 머물고 싶었다. 여행 중 가족 생각이 처음으로 난다. 정말 좋은 것을 함께 나누지 못하는 아쉬움이 컸다. '언제 다시 한 번 와야지'

이런 산은 생전 처음 본다. 산에서 뿌연 연기와 유황 냄새가 진동한다. 오이꾸다니 계곡인데 케이블카를 타고 한참 오르니 산의 중턱이었다. 거기서부터 도보로 정상에 오르는 동안 계곡 사이로는 우윳빛 석회수가 흐른다. 신기해서 손을 담가 보니 물의 온도가 따끈하다. 정상에 오르니 작은 연못에서 온천수가 모락모락 김을 내뿜으며 뽀글뽀글 끓고 있다. 끓는 물 속에서는 달걀이 익어가고 있다. 화산의 나라 일본이 실감 난다. 고국을 떠나 온 지 단 며칠인데 한참 지난 것 같은 착각에 빠져든다. 술을 한잔 두잔 마시다 보니 취하는 것처럼 나는 여행에 취해서 즐겁고 황홀하다.

고덴바라라는 동네에는 오밀조밀 인공적으로 꾸민 평화 공원이 있다. 원폭 때 피해가 컸던 동네라는데 평화를 기원한다는 의미일까. 이제 여행도 막바지에 이르고 있다. 후지산이 어제보다 조금 더 가까워진 듯하다. 해발 3766M 높이의 후지산은 일본의 잦은 흐린 날씨 탓에 일년에 한 열흘 정도 볼 수 있다고 한다. 하얀 모자를 눌러쓴 것 같은 후지산 설경이 선명하다. 빨리 보고픈 심정에 안달이 났다. 얼마나 아름다울까?

후지산 주변은 여기저기 용암이 흘러 굳어진 흔적과 바위 조각들, 키가 크지 못하고 앙상하게 비틀어진 나무들이 힘겹게 서 있는 모습이다. 한 단면만 본 나의 한계인지 아니면 활화산의 특징적인 모습인지, 아무튼 가까이 와서 보니 기대만큼은 아니었다. 속속들이 알거나 너무 가까우면 단점이 드러나 실망하기 쉬운 인간관계처럼 멀리서 보며 환상을 품었던 후지산이 훨씬 더 아름다웠다.

여행이란 떠나오면서 신선한 에너지를 얻어 다시 돌아갈 곳이 있다는 데에 의미가 있는 것 같다. 내 나라, 내 편안한 집, 사랑하는 내 가족, 나의 일, 별다를 것 없던 일상이 소중하게 다가오니 말이다.

비워진 시간을 메우다

　2년 만에 찾아 나선 길이다. 포근한 겨울 날씨가 발걸음을 가볍게 해준다. 반복된 일상을 벗어난 일탈 때문일까. 집 떠나 길 위에 서면 여행이 주는 자유로움에 들뜨곤 한다.

　전주 세미나장으로 향하는 나의 마음은 설렘이 인다. 고향을 찾아 역류하는 물고기처럼 물살을 가르는 느낌이다. 지난 2년, 다 늦게 대학공부에 도전장을 내었다. 문학의 깊이를 느껴보고 수필을 쓰는 데도 도움이 되리라 생각했다. 그런데 예기치 않은 병원 출입 때문에 나의 계획을 수정해야 했다.

　상실감에 허전해서 마음이 나약해지려 할 때 수필은 나를 다잡아주었다. 나의 삶의 가닥을 수필로 올올이 풀어내 보고 싶었다. 그러나 한

동안 쉬어서인지 글은 거친 숨을 몰아쉬기만 했다. 세미나에 가는 것은 나에겐 새로운 다짐을 하는 길이기도 하다.

버스가 고속도로로 접어들자 을씨년스런 겨울 풍경이 가깝게 또 멀게 스쳐 지나간다. 하얀 잔설을 이고 있는 산봉우리도 적갈색 들녘의 모습도 스산하다. 한참 수필에 열정을 쏟았을 땐, 황금빛 가을 들녘처럼 풍만했는데…. 어쭙잖은 글솜씨로 수필 한 편 쓰고 나면 꽉 채워진 충만감으로 포식을 하곤 했다.

전주라는 안내 표지판이 보인다. 이제 곧 도착할 모양이다. 내겐 생소했던 도시 전주. 수필과 인연을 맺고 등단을 했던 기억이 새롭다. 그해 여름 세미나의 장소는 전주 삼성 수련원으로 기억된다. 넓은 강당은 뜨거운 한낮의 기온 만큼이나 열기로 가득했고, 꽃다발, 축하 현수막, 흥겨운 사람들의 표정으로 넘실댔다. 그들의 축하를 받으며 나는 신인상 수상을 했다. 그때부터 전주는 내게 의미 있는 도시가 되었다.

매년 연례행사처럼 참석했던 세미나다. 파도 철석이던 변산 바닷가의 수련원, 비릿한 바닷바람 그리운 충무, 그중에서도 제일 기억에 남는 세미나가 있다. 나는 그때, 수필 교실에 처음 나간 직후였다. 교실에서 《수필과비평》잡지를 보게 되었고, 그 안에서 유성호텔에서 열리는 세미나 안내를 보았다. 무작정 찾아 나선 세미나, 그곳이 등단한 사람들의 자리라는 것도 몰랐으니 순서가 뒤바뀐 격이었다. 하지만 그때 그 세미나의 분위기는 수필에 애정을 갖게 했고 드디어 〈낡은 소반〉이란 작품으로 등단을 했다.

세미나장에 들어서니 오랜만에 온 친정집 같았다. 익숙한 얼굴들이 건네는 미소도 손 내밀며 청하는 악수도 따스했다. 세미나의 한 일원으로 느끼는 기쁨은 그동안의 공백을 채워주고 있었다.

'신곡문학대상'을 받으신 우리 변해명 선생님, 이어서 선생님들의 명강의. 그 내용처럼 정말 꾸며내지 않은 내 이야기를 진솔하고 문학성 있는 수필로 풀어내고 싶다.

이튿날, 세미나 뒤풀이로 마이산 산행을 나섰다. 폐부에 와 닿는 알싸한 겨울 산사의 맑은 공기, 모처럼 참가한 세미나의 그 느낌과 흡사했다. 얼마간 마이산 등산로를 걷다 보니 겨우내 움츠렸던 몸이 서서히 이완되는 듯했다. 뭔지 모를 에너지가 충전되는 느낌이랄까.

말의 형상을 닮았다는 마이산의 우뚝 솟은 두 봉우리. 그 주위를 감싼 수성암의 바위들은 움푹 파인 자국을 남기고 있다. 일억 년 전 호수에 잠겼던 사연들을 말해주기라도 하듯이…. 시간의 무늬들은 흔적을 남기고 나는 내 삶의 그림자를 수필 속에 간직해간다.

작은 암자를 둘러싼 돌탑의 무리는 아슬아슬한 곡예를 하듯 하늘을 향해 있다. 삶의 조각들도 저 돌탑들처럼 공들여 쌓아야 하지 않을까. 수필을 쓴다는 것도 어쩌면 삶의 탑을 쌓는 작은 도구가 될지도 모른다.

그렇다면 나는 작은 돌 하나 손에 쥐고 집으로 돌아가는 걸까? 한동안 비워졌던 공간도 메우고 새로운 탑을 쌓을 그런 돌 하나를. 서울로 돌아오는 버스 안에서 나는 마음속에 돌 하나를 가만히 어루만져 본다.

마라도, 그 섬 길을 걷다

　모슬포항을 떠난 여객선이 바닷길로 접어든다. 짙푸른 바다 위로 쏟아지는 오월의 햇살이 눈부시다. 나는 뱃머리에 서서 하얗게 부서지는 포말을 응시한다. 지금 이 여행의 순간들도 언젠가는 저 파도의 포말처럼 시간의 잔해가 되어 하얗게 바래져 갈 것이다.

　30분쯤 뱃길을 달려왔을까. 저만치 우리나라 최남단의 섬 마라도의 모습이 보인다. 철벽같은 암벽에 둘러싸인 섬의 정수리에 하얀 등대가 있다. 망망대해에서 길잡이가 되어주는 등대, 나의 삶의 길잡이가 되어준 등대는 무엇이었지. 나를 이끌어주신 내 부모님, 나의 신앙, 독서를 통한 여러 인생의 간접경험들, 잠깐의 상념들은 내 볼을 때리는 해풍에 그만 흩어진다.

섬, 마라도는 어떤 모습일까. 누군가와의 만남을 잔뜩 벼르다 드디어 코앞에 맞닥뜨린 것처럼 마음이 설렌다. 포구에 배가 닿자, 섬에 첫발을 내디딘다. 발바닥에 느껴지는 마라도의 촉감은 부드럽다. 비탈진 언덕길을 걸어서 섬 안으로 들어서자 배 안에서 보았던 하얀 등대가 눈에 들어온다.

배 안에서 느끼던 해풍이 섬 위에선 제법 강도가 높아진다. 섬길 주변의 풀잎들은 납작이 누워 흔들리고 내 머리카락과 옷자락도 바람의 손길에 맞추어 마구 나풀댄다. 하지만 기분 좋은 바람이다. 나는 바람과 함께 걷는다. 짙푸른 바다, 짭짤한 소금기를 머금은 해풍, 따스한 햇볕과 어우러진 고즈넉한 길을 걷고 있다.

행여, 이 섬의 풍광을 놓칠세라 발걸음을 바쁘게 옮기다가도, 나도 모르게 걸음은 점점 느려지곤 한다. 망망대해의 그 위압적인 모습에 두려움도 인다. 거대한 바다 앞에서 한 인간은 무력하고 작기만 하다. 짙푸른 바다 넘어 수평선을 바라보다가, 눈을 살며시 감고 바다의 신선한 에너지를 폐부 깊숙이 들여 마신다. 평소 맛볼 수 없는 신선한 에너지를 얻는다. 바다는 내 가슴을 확 풀어헤쳐 답답함을 씻어낸다.

섬을 걸으며 나는 다른 세계로 인도된 듯, 아늑한 평화에 젖는다. 번잡한 일상에 휘둘린 육신과 정신이 치유되고 맑아지는 느낌이다. 건강에 적신호가 켜져 생동감을 잃거나 무료한 일상의 반복에 지쳐갈 때, 나는 지금 같은 이 순간을 얼마나 소망했는지 모른다.

일 년 전, 큰 수술을 앞두고 병원에 입원했다. 창밖으로 하염없이 내리는 흰 눈은 도시를 마비시키고, 나는 하얀 병실에 꼼짝없이 갇혀있었다. 어쩌지도 못하고 고독한 섬에서 폭풍을 만난 셈이다. 다시 건강을 찾고 나서 섬에 가보고 싶었다. 한없이 펼쳐진 광대한 바다와 한 점 작은 몸뚱이로 풍파를 이겨내는 작은 섬을.

그 고통의 시간을 위안받듯이 나는 아름다운 섬 길을 걷는 행복을 누리고 있다. 푸른 파도와 바람과 새소리, 섬의 초록빛 초원. 아름다운 자연은 어두워진 귀와 눈을 말갛게 헹구어 낸다. 바다를 끼고 도는 마라도의 산책로는 가히 매력적이다.

꿈길 같은 마라도 산책로를 돌다 보면 아담한 초등학교를 만난다. 총 학생 수가 여섯 명이라든가. 그때, 왜 갑자기 '섬마을 선생님'이란 노래가 생각난 걸까. 어느새 흥얼흥얼 노래를 부르고 있다. 이 섬 주민들의 영혼을 위로해주는 작은 사찰과 예쁜 성당도 한 채 있다. 나는 최남단 비 앞에서 포즈를 취하고 사진을 찍는다.

섬 일주를 끝내고 돌아오는 배 위에서 고개는 자꾸 마라도로 향했다. 도시에선 느낄 수 없는 신비를 간직한 섬. 섬만 찾아다니며 시를 쓴다는 시인이나 섬에 반해서 섬에 정착을 해버렸다는 사진작가도 섬의 이런 모습에 반한 걸까.

섬에서 돌아온 뒤에도 한동안 마라도를 떠올리곤 했다. 비바람이 몹시 불던 그날 밤도 마라도를 생각했다. 그러자 그곳에도 사나운 폭풍에 시달리고 있는 것만 같았다. 마라도는 지금 고난의 시간일지도 모른다. 어쩌면 긴 세월 순응하며 살아가야만 하는 인간들과 섬은 많이 닮은꼴이다. 드넓은 인생길에서 피해 갈 수 없는 고통이나 상처, 또는 병마로 홀로 떠있는 섬들. 거세게 몰아치는 폭풍에 비한다면, 그동안 살아온 나의 삶은 잔잔한 파도와 햇볕 좋은 시간은 아니었을까.

언젠가 마라도를 다시 찾아가야겠다. 나 혼자 외딴섬이 되어 나를 되돌아보는 시간을 가져야지. 해녀의 집에서 민박도 해보고, 조그만 성당에서 미사도 드리고, 섬 길에서 만나는 야생화 한 송이와도 대화를 나누어야지.

하얀 등대가 배의 길잡이가 되어준다면, 마라도는 상처 입고 지친 여행객들을 묵언으로 위로해주는 무언가 모를 신비함이 있다.

분재 예찬

    조간신문 한 면에서 흥미로운 기사가 눈에 띄었다. 분재를 보살피는 유명한 작곡가의 이야기였다. 그분이 분무기를 들고 분재에 물을 뿌려주는 사진과 함께 애정을 표현한 내용이었다. 취미로 모아들인 초목이 온 집안에 가득하다고 했다.

    음악 다음으로 사랑하는 일이 분재 가꾸기라니, 자식을 키우듯 평생 정성을 기울였나 보다. 멋대로 크지도 못하고 뒤틀린 나무의 신세가 측은해서, 분재를 좋아하지 않는 사람도 더러 있는데, 분재의 꽃과 잎은 들과 산의 나무보다 건강하고 수명도 길다고 한다.

    메마른 일상에서, 한두 가지 취미는 생활을 한층 윤택하게 해주리라. 하지만 나는 분재를 가지고 싶지 않았다. 삼 년 전 봄, 꽃을 사러 화원에 들렀을 때다. 무심코 비닐온실을 들여다보던 나는 깜짝 놀랐다. 그곳에는 가지가 잘리고 누런 철사로 몸이 친친, 감긴 예비 분재들로 가득했다. 그 애처로운 모습은 비명을 지르며 고통스러워 울고 있는 것만 같았다. 순간, 생명이 있는 나무들이 고문당하고 있다고 느꼈다. 식물도 지각이 있어서 음악도 느끼고 사랑도 감지한다는데. 그 후 분재를 볼 때면 그 모습이 떠오르곤 했다.

작년 가을 제주도로 여행을 떠났다. 넘실대는 청록색 바다와 황금빛으로 물든 감귤 밭을 지나서 도착한 분재 공원. 갖가지 수목들과 희귀한 분재들이 즐비했다. 조금 전, 여미지 식물원에서 보았던 열대식물과 화려한 꽃들이 서양화라 한다면, 이곳 분재 공원은 차분한 동양화를 보는 느낌이다.

긴 산책로 양쪽으로 고운 자태를 뽐내는 분재들이 진열되어 있었다. 단풍 분재는 빨간 손을 흔들고 모과 분재는 탐스러운 열매가 무거운지 고개를 옆으로 살짝 숙였다. 수령 250년이라고 표시된 소나무 분재 앞이었다. 둥그런 반석 같은 수반에 나긋이 앉아 있다. 유연하게 휘어진 가지에는 푸른 솔잎들이 싱그럽고, 오히려 스물다섯 살 건강한 청년의 모습이었다. 힘 있는 근육과 풋풋한 젊은 에너지가 넘쳐났다.

인간은 한 백 년 살기도 힘든데 몇 세기를 살아오다니. 나는 소나무 분재를 감상하며, 예전에 보았던 예비 분재들이 떠올랐다. 뼈를 깎는 고통은 이런 예술품으로 탄생하기 위한 시련이었나 보다. 깊고 높은 차원의 예술적 경지에 오르려면 얼마나 치열해야 할까. 산에 옹기종기 모여 사는 평범한 소나무가 있다면, 예술 작품의 모습으로 사는 소나무 분재도 있으니.

다른 생에 또 태어난다면, 나는 화가가 되고 싶다. 화폭 가득 내 혼을 실어 그림을 그리고 싶다. 집시처럼 떠다니는 여행자가 되면 어떨까? 넓은 세상 온갖 색다른 문화를 접하고 많은 인종을 만나보고 그 정보를 책으로 엮어도 멋질 것이다. 내 영혼은 풍요로워지고 주위 사람들에게도 전해주고 싶다.

250년 나이의 소나무 분재에서 풍겨 나오는 품위. 아픔과 인내 없이는 얻어낼 수 없는 승리의 모습이리라. 소나무 분재는 말하는 것 같다. '나를 보라고' '쓸데없는 욕망이나 탐욕의 가지를 하나씩 잘라가라고.' '용서와 사랑으로 품어 안으라고.' '그런 삶의 정원사가 되었을 때, 보람된 삶도 얻고 세상을 보는 맑은 눈도 간직할 수 있는 거라고.'

수령 250년 된 소나무 분재는 관객들에게 강한 메시지를 전달해주고 있는 것만 같다.

물 위에 떠있는 집

넓은 초원에 자리 잡은 캄보디아의 톤레사프 호수.

황톳빛 물살을 가르며 통통배가 달려간다. 배 위에 한 점 바람이 머물다 간다. 호수의 수면을 스쳐온 바람은 한껏 달아오른 열대의 열기를 잠시 식혀준다. 한참을 달려왔는데도 호수의 끝은 보일 생각을 않는다. 잔잔한 푸른 물 위로 산 그림자 너울거리는 아담한 내 고향의 호수. 하지만 톤레사프 호수는 넓고도 큰 강을 닮았다.

메콩강이 역류해서 호수로 흘러들듯이 이곳에 베트남 난민들이 흘러와 보금자리를 틀었다. 피비린내 나는 전쟁을 피해 또 다른 삶을 찾아 이곳 호수에 머물게 되었으리라. 베트남 국적도 캄보디아 국적도 인정받지 못하고 그저 호수 속에 갇힌 이방인들이다. 그들의 행동반경인 수상가옥과 몇 발자국 뗄 수 있는 좁은 공간을 제외하고는 보이지 않는 강력한 울타리 안에 갇혀 산다. 마치 세계의 변두리에서 버림받고 살아가는 사람들처럼.

수상가옥들은 호숫가 주변으로 긴 띠처럼 떠있다. 지붕은 나무로 엮어서 덮고 녹슨 양철로 담을 세워 조그만 방도 만들었다. 달팽이 집처럼 옹색하고 좁은 방에서 가족들이 생활하나 보다. 작열하는 태양과 물속을 헤엄치는 물고기들이 그들의 전 재산인양 몇 개의 그릇과 옷가지만 달랑 눈에 띈다. 이따금 삐죽이 하늘로 솟아있는 TV 안테나가 어색해 뵌다. 외부의 소식을 접하고 간접적인 문화생활의 수단일 텐데, 그것마저 이방인처럼 어설퍼 보인다.

방문 틈새로 내비치는 그들의 삶을 기웃기웃 훔쳐보다가 나는 강물에 손을 씻고 있는 한 소년의 눈과 마주쳤다. 따가운 햇볕에 눈을 찡그리고 있는 소년의 나이가 일곱 살쯤 되었을까? 그 아이의 표정에는 미운 일곱 살의 짓궂은 개구쟁이 모습이 없다. 캄보디아 거리에서 구걸하고 작은 장식품을 팔아달라며 매달리던 아이들의 악착스러운 표정도 읽을 수 없었다. 손을 흔들어 보았지만 그 아이는 일상이 되어버린 듯 관광객을 태운 배를 무심히 쳐다만 보고 있었다. 무료함에 익숙한 아이의 표정 같아서 나는 흔들던 손을 슬며시 내렸다.

문득 그 아이가 어항 속에 갇힌 어린 물고기 같다는 생각이 들었다. 어린 시절 나는 강가에 살았다. 멱을 감으로 강가로 나가면 어른들이 물고기를 잡는 모습을 보곤 했다. 강물이 깊지 않은 곳에서 직접 어항을 놓아보았다. 투명한 유리 어항 주둥이에 깻묵으로 만든 물고기의 미끼를 붙였다. 그런 다음 강물 바닥을 평평히 고르고 물살이 흐르는 쪽으로 어항을 놓았다. 이삼십 분이 지난 뒤 어항이 놓인 자리에 가보면 어김없이 몇 마리의 물고기가 좁은 유리 어항 속을 빙빙 돌고 있었다. 강물에서 어항을 꺼내와 물고기를 바구니에 쏟아부을 때, 어린 물고기 한 마리가 펄쩍 튀어 올라 강물 속으로 도망을 쳤다. 반짝이는 은빛 꼬리를 힘차게 휘두르며 재빠르게 강물로 헤엄쳐갔다. 저 아이도 유리 어항 속 같은 호수를 벗어나서 자유롭게 뛰놀 수 있어야 할 텐데. 행여 어항 속의 물고기처럼 빙빙 돌기만 하는 삶에 길들여질 것 같아서 나는 안타까움이 일었다.

얼마쯤을 달리던 통통배는 뱃머리를 돌려 선착장으로 향했다. 배 안에서 요리를 하는 아낙네나 그물을 손질하는 아저씨의 모습이 마냥 한가로워 보인다. 수상가옥을 짓고 있는지 서너 명의 사내들이 물속을 드나들며 열심히 일을 하고 있다. 그들의 초라한 생활과 평화스러워 보이는 일상의 모습에서 나는 여러 갈래의 삶의 빛깔을 그려본다. 암초를 피해 어렵게 항해를 하다가 겨우 자리 잡은 호숫가의 보금자리. 톤레사프 호수는 황톳빛으로 물속의 비밀을 감추고 있듯이, 저들의 상처와 고뇌도 흐린 물속에 가려 보이질 않는다.

잠시 바라본 저들의 모습을 나는, 나의 네모난 틀 속에 맞추려는 건 아닌지. 어쩌면 조금 전 나와 눈이 마주친 아이는 어항에서 도망쳐 강물로 돌아간 어린 물고기일지도 모른다. 물질의 풍요나 활보할 수 있는 자유보다 생존의 기로에서 찾은 삶은 무엇보다 소중할 것이기에….

　인간은 누구나 머물다 가는 곳이 다르지만, 행복의 척도는 스스로 선택하는 것이리라. 말없이 흐르는 톤레사프 호수를 내려다보며 나는, 내게 묻는다. 너는 저들보다 풍족하기에 행복하다고 자신 있게 말할 수 있느냐고. 오히려 더 많은 것을 채우려 작은 행복들을 놓치며 허둥대고 있진 않느냐고.

　저만큼 선착장이 보인다. 잠시 후 나는 배에서 내릴 것이다. 타고 온 뱃길을 뒤돌아보며 크게 심호흡을 해본다. 저 멀리 새 수상가옥을 짓고 있는 사내들의 모습이 점점 작아져간다. 그들은 아마 미래의 희망을 짓고 있는지도 모르겠다. 그들에겐 가시고기처럼 다 내주어도 아깝지 않을 어린아이들이 있기에.

　묵묵히 흐르는 톤레사프 호수가 처음보다 더 크고 넓게 느껴진다.

300년 만의 해후

300년이라는 세월이 믿기 어려웠다.
 5~6세 정도의 어린 소년은 미이라의 모습으로 세상 밖으로 나온 것이다.
 오늘 KBS TV 프로그램 〈역사스페셜〉에서 최근 발견된 '300년 된 소년 미이라'에 대해 방영하고 있다. 신문에서 대서특필 되었을 때 별 관심조차 없던 내가 남편의 가문(해평 윤씨 동강공파)의 종친임을 알자 호기심이 일었다.
 지난해 11월 경기도 양주, 나의 시댁 선산에서는 300년 된 소년 미이라가 발견되었다. 무덤의 흙에서 나온 꽃가루로 미루어 그때는 봄이었고, 대여섯 살 꽃봉오리 같던 소년은 천연두를 앓다가 죽음을 맞은 것이다.

　DNA 검사 결과 미라의 주인공은, 해평 윤 씨 족보에 1690년경의 어린 나이에 사망한 '윤호'로 드러났다. 그동안 썩지 않고 미이라로 보존되어 그야말로 300년 만의 해후를 하는 것이다.

　TV 방송에서는 소년 미라가 발견된 경위와 그 과정을 상세히 보여주고 있다. 작은 관속에 누워있던 미이라 소년을 조심스레 꺼냈다. 그리고 몸을 싸고 있던 의문의 헝겊들이 하나씩 벗겨지고 드디어 미이라의 작은 실체가 드러났다. 그 정도로 고스란히 보존된 촉촉한 피부조직, 뼈와 손톱과 발톱, 태어나서 한 번도 깎지 않았다는 머리카락이 생생했다. CT 촬영을 통해 생전의 그의 모습도 그려보았는데, 나이는 5세, 6세로 추정되고 얼굴은 이마가 나오고 뒤짱구에 눈은 작고 입술은 얇은 귀여운 모습이었다.

　복식 전문가들은 소년이 입었던 옷과 무덤 속의 옷을 연구하고 분석했다. 소년은 다섯 가지 고운 빛깔로 빚은 비단 두루마기와 명주 솜을 넣은 바지저고리를 입고 있었다. 그 비단옷은 바늘로 한 땀씩 곱게 엮어서 지었다. 지금의 재봉틀로 촘촘히 박은 것보다 더욱 섬세한 솜씨라니, 그 시대의 복식사를 연구하는데 큰 자료가 되었다고 한다.

　그런데 소년을 감싸고 있던 의문의 헝겊이 아버지의 바지저고리와 어머니의 장옷으로 밝혀졌다. 늦둥이로 얻은 막내아들을 차가운 땅속에 묻기가 못내 서러웠으리라. 부모의 체취가 배어 있는 옷으로 소년을 감싸면서 통곡하고 몸부림쳤을 모습이 보이는 것만 같았다. 부모는 가습속에 그 자식을 묻는다는데, 시공을 넘어서 영원히 변치 않는 것이 있다면 자식을 향한 부모의 사랑이 아닐는지.

 TV 화면은 바뀌어 이번에는 생전의 소년이 낳고 자랐다는 터, 〈해평 윤 씨 종택〉이 비치고 있었다. 이 터는 400여 년 이상 해평 윤 씨가 살아왔으며 그동안 몇 번의 증축이 있었다고 한다. 지금은 경기도 문화재로 자료 제97호로 지정되어 있다.

 지금 나의 시댁의 터이기도 해서 너무도 익숙한 곳이다. 100년이 넘는 고택인데 아직도 품위 있는 자태를 유지하고 있다. 오래전 사랑채가 화재로 소실되어 아쉬울 뿐이다. 집 구조는 대문을 거쳐 뜰을 지나면 중문이 나온다. ㅁ자형 안채의 넓은 안마당에는 작은 화단이 자리 잡고 있다.

 생전에 미이라 소년이 태어나서 자라고 뛰놀던 이 터에, 수백 년이 흐른 뒤, 나의 남편이 태어났다. 대를 이어 간다는 것은 얼마나 신비한가. 이제는 우리 부부의 두 아이와 조카들의 어린 자식들이 앙증맞은 발자국을 떼어 놓고 있다. 마치 끊이지 않고 유유히 흐르는 물줄기처럼.

 나는 잠시 '미이라 소년'의 생전 모습을 그려본다. 마당 한가운데서 한복을 곱게 입은 소년이 뛰어놀고 있다. 어린 시절의 장난꾸러기 남편 모습도 마당 한가운데서 언뜻 비친다. 팽이를 돌리거나 세발자전거를 타며 노는 내 아이들 모습도 보인다. 마치 강강술래라도 하듯 뱅글거리며 마당을 돌고 있는 아이들. 아득한 세월을 넘나들며 활기차고 맑은 어린아이들의 웃음소리가 귀에 머물다 스러진다.

언젠가 남편은 이 집에서 자랐던 당신의 어린 시절 이야기를 해준 적이 있다. 동네에서 높은 지대에 위치한 이 집은 마루에서 내려다보면, 앞 샛강에 흐르는 푸른 물줄기와 은색으로 반짝이는 모래사장이 펼쳐져 있었다. 그래서인지 마을 이름도 '모래실'이다. 숲이 우거진 뒷산은 하얀 백로들의 안식처이었단다. 그 백로를 향해 '훠이' 소리라도 지르면 날아오르던 하얀 날갯짓이 마치 구름 같았노라고 했다.

긴 마루를 지나 사랑채에 이르면 연못 가득 피어오른 연꽃들이 아름다웠고, 할아버지의 기침 소리와 아버지의 책 읽는 소리는 온 집안 가득 울려 퍼졌다. 어쩌면 미이라 소년도 나의 남편과 비슷한 기억을 공유하고 있을 것만 같다.

이 고택의 특이한 구조는 사당을 집안에 모셔둔 것이다. 조상님들과 후손들이 함께 숨 쉬며 공존하는 공간이다. 집안 행사나 제사라도 있는 날이면 두루마기를 펄럭이며 몰려들던 인척들이 마당 가득했단다. 마당 밖에는 그들이 타고 온 가마로 북적였다고 했다. 우리 부부가 결혼식을 올리고 난 뒤, 두 아들이 태어났을 때도 사당에 나아가 조상님께 절을 올리며 신고식을 했다.

나는 TV 화면에서 눈을 떼지 못한다. 300년 전의 미이라 소년의 신비한 모습을 통해 수백 년 동안 이어져 온 가문의 의미를 되새겨 본다. 핏줄로 고리가 이어진 가문의 영속성, 그 가운데 흐르는 끈끈한 사랑을 느껴본다.

영화 <아무르>*를 생각하다

　병원 병실 넓은 창문으로 햇볕이 들이친다. 침대에 누운 남편은 눈을 찡그린다. 나는 창문에 버티컬을 반쯤 내려 햇볕을 차단한다.
　2인실 맞은편 침대에 남편과 동갑인 할아버지가 누워있다. 머리는 백발이고 뼈만 앙상히 남아 해쓱하다. 코에는 호수를 끼고 의식이 있는지 없는지 잠만 잔다. 이따금 '웅얼' 소리를 내거나 그렁그렁 가래가 끓는 소리를 낸다. 그럴 때면 연변 아줌마 간병인은 할아버지 곁으로 다가가 코와 입의 분비물을 닦아준다.
　그 모습을 보면 제 발로 병실을 들락거리는 남편이 그나마 고맙다. 생로병사의 과정을 누군들 피해갈 수 있을까. 저 할아버지는 지금 생과 사의 중간에 있는 듯하다. 하루하루가 위중한 환자 곁에는 연변 간병인이 대부분 지키고 있다. 가족들은 밀물처럼 쭉 왔다, 잠깐 머물고 또 썰물처럼 빠져나간다.

어느 날 할아버지 곁에 할머니 한 분이 지키고 앉았다. 며칠 동안 처음 보는 모습이다. 키가 크고 체격이 좋은 할머니는 피부가 희고 잘생긴 할아버지와 대조를 이룬다. 할머니는 묻지도 않는 말을 내게 하신다. "어제 며느리들 데리고 김장을 끝내고야 시간이 났단다." 할아버지에게 자주 못 온 것이 사뭇 걸렸던 모양이다.

두 사람은 시골 윗마을 아랫마을에 살았다. 어린 시절부터 낯익게 커 온 두 사람은 사랑하게 되었고 결혼을 했다. 자상한 할아버지 성품에 부부싸움 한 번 크게 한 일이 없었노라고. 언제나 늘 당신의 이름을 부르길 좋아하던 남편. "혜자야, 혜자야" 하고 불러주던 남편의 목소리가 이젠 그립다고.

할아버지는 어느 날 중풍으로 마비가 왔다. 집에서 할머니가 간병을 하다가 가뜩이나 좋지 않던 무릎의 관절염이 도졌고 할머니도 거동이 어렵게 되었다. 가족회의 끝에 할머니 무릎 수술을 하고 회복하는 서너 달 동안 할아버지를 요양원에 모시기로 했다.

새로 생긴 깨끗한 요양원에 할아버지를 데려가던 날, 할아버지는 당신이 버림받았다는 느낌이 역력했다고 한다. 그의 눈빛에 슬픔이 가득 고이더라고. 잠깐만 그곳에 계시면 무릎 수술하고 모시러 가겠다며 그리 달랬건만, 그 외로워 보이던 눈빛이 자꾸 가슴을 짓누른단다. 잠깐이면 될 줄 알았는데 이렇게 병의 악화로 치닫게 되었다니. 요양원에서

영화 〈아무르〉*를 생각하다

넘어졌는지 머리에 피가 고였고 섬망이란 증상에 시달리며 의식이 들락 말락 하는 모양이다.

그날 저녁 할머니의 아들들이 병실에 모였다. 두런두런 나누는 그들의 이야기를 나는 듣고 싶지 않아도 들렸다. 아버지를 S대 병원으로 모시고 가서 머릿속을 진단받자는 남자가 큰아들인 듯하다. 그 후 음성들의 높낮이가 꽤 심각함을 드러냈다. 그들은 천장을 쳐다보다 바닥을 내려다보기도 하며 한숨 섞인 침묵을 이어갔다. 그들의 이야기에 나는 신경이 쓰인다. 뭔가 중요한 결론을 내려야 한다는 비장함이 그들의 표정에 서려 있다.

그때 예전에 본 영화 한 편이 떠올랐다. 황금종려상을 탄 오스트리아, 프랑스, 독일 합작 영화 〈아무르〉다. 음악가 출신인 80대 노부부인 주인공 조르주와 안느의 일상은 지극히 평화롭다. 콘서트를 다녀오고 독서를 하며 노년의 삶을 즐긴다. 어느 날 외출에서 돌아온 아내, 안느가 뇌졸중으로 갑자기 마비가 온다. 한사람이 병자로 전락하는 단계는 슬프다. 정신이 혼미해지고 말을 잃어가는 부인 안느를 간병해야 하는 남편 조르주의 깊은 고뇌가 시작된다.

자신의 병이 깊어가는 걸 느낀 안느는 병원의 장기입원을 거부하고 마지막을 집에서 보내게 해달라고 남편에게 부탁한다. 부인의 말을 존중해 남편은 집에서 병자를 돌본다. 간호사를 들이고 가정부를 쓰고 급하면 의사를 부르는 것이 일과가 되었다. 경제적으로도 점점 조여 온다. 하루하루 의식이 희미해져 가는 부인을 바라보며 남편은 자신의 마지막을 투영했는지도 모른다.

　남편 조르주는 아내 안느를 베개로 질식사시키고 자신도 창문을 테이프로 붙여 막고 가스를 피워 자살한다. 꽃으로 장식한 부인의 침대 곁에 나란히 누워 두 사람은 최후를 맞는다. 이 이야기는 단순하지만 인간의 죽음을 다룬 어두운 주제다.

　나는 지금 또 한 편의 〈아무르〉를 보고 있다는 느낌이다. 저들은 병자 할아버지의 마지막을 의논하고 있다. 그때, 할머니의 음성이 낮고 침울하게 들려왔다.

　"이제 아버지에게 더 이상 고통을 주지말자. 이대로 보내드리자."

　이 말을 꺼내기 전까지 한동안 그녀는 이마를 침대 끝에 대고 시름없이 앉아 있었다. 긴 세월 부부로 살며 쌓은 정을 차마 떨쳐내기 어려웠을까. 그녀는 이제 남은 삶에서 할아버지와의 추억과 사연들을 가슴속에 묻으려나 보다. 당신도 머지않아 할아버지를 뒤쫓아 가야 한다는 필연적인 운명을 받아들이듯이 담담하기까지 하다.

　창밖에는 벌써 어둠이 내려 긴 겨울밤이 을씨년스럽게 깊어간다.

* '아무르Amour'는 프랑스어로 '사랑'이라는 뜻이다.

서로 나누어 주는 삶

　창밖 날씨는 쾌청하다. 바람이 조금 부는 듯, 가로수 잎들의 가벼운 율동은 경쾌하다. 서둘러 밖으로 나오니 아파트 안에서 느끼던 바람은 목덜미를 움츠리게 한다. 옷깃을 여미고 상담실로 향해 빠른 발걸음을 옮긴다. 정해진 시간에 도착하려면 빠듯하다.
　상담실이 있는 3층까지 한달음에 올라 거친 숨을 고른다. 사무실 창문을 열어 환기를 시키고 쏟아지는 햇살을 불러 모은다. 세 시간씩 교대로 봉사자들이 바뀌는데 오늘은 내가 제일 첫 번째 순번이다. 책상 앞에 차분히 앉아 전화를 기다리며 깊은 호흡으로 숨을 고른다. 오전 아홉 시부터 시작되는 상담 전화, 오늘은 어떤 사연의 전화로 시작될지 살짝 긴장된다.

바쁜 나의 일상은 잠깐 뒤로 미루고 전화 봉사를 하면서 보람을 느낀다. 아니, 내가 배우고 더 성장해 간다는 표현이 어울린다. 타인의 답답한 사연들을 들어 보면서 더 많은 세상을 경험한다. 때론 딱한 사연들을 전화로 풀어낼 때, 내 마음도 아프고 우울해지기도 한다. 하지만 그런 감정들은 상담을 계속하면서 차분해진다.

전화상담은 익명성, 일회성, 그리고 편리성이라는 장점이 있다. 그래서 내담자들은 거침없이 자신의 문제를 상담해 오는 편이다. 진정 내담자의 마음을 공감해주고 수용해 주되 어떤 해결을 해주려는 시도는 위험하다. 내담자가 상담을 통해서 자기가 찾아갈 방향을 모색하게끔 들어주는 것이다.

"따르릉" 전화벨이 정적을 깨운다. 단주 모임에 대한 문의 전화였다. 장소와 전화번호 안내를 해주고 수화기를 놓자마자 또 다른 전화가 걸려왔다. 어렵게 말을 시작하는 내담자의 가느다란 목소리는 힘이 없다. 뭔가 지쳐있다는 건 그녀의 한숨 소리가 대변한다.

나는 그녀가 마음을 열도록 대화를 유도하며 위로를 해준다. 그래서일까. 그녀는 봇물 터지듯 자신의 사연을 털어놓는다. 나는 상담자로서 그녀의 사연에 귀를 기울인다. 삼년 전, 남편을 암으로 잃고 열 살짜리 딸과 단둘이 살고 있노라 했다. IMF 때 임시직으로 다니던 관공서의 직장도 그만두게 되었단다. 경제적 어려움과 외로움, 자녀 교육 문제 등을 하소연한다. 누구에게 마음 툭 터놓고 이야기하고 싶었지만 그럴 수 없었다며 흐느낀다. 전화선을 타고 들려오는 그녀의 사연들은 젖어드는 빗줄기 같았다.

　나는, 아직 젊음과 건강이 있고 예쁜 딸도 있으니 마음을 추스르고 희망을 가져보라는 조언을 해주었다. 내담자는 보이지 않는 누군가에게 자신을 노출하지 않고 자존심을 지키며 훌훌 털어 내버린 답답한 속내가 조금 시원해지는가 보다. 목소리도 처음보다 힘이 생기고 자신의 앞날을 설계해 보겠다는 말을 한다. 이야기를 나누다 보니 후련한 느낌과 도움이 되었다며 밝아진 목소리로 전화를 끊는다.

　상담의 기본적인 요소는 내담자가 당면하고 있는 상황의 주변을 잘 파악하는 것이다. 수용해 주고 공감으로 문제를 풀어갈 용기를 주는 것이다. 삶 속에서 겪는 수많은 문제와 어려움을 접하면서 내 삶도 들여다본다. 내게는 큰 문제라고 생각했던 것들이 내담자들의 무거운 짐에 비하면 너무도 가볍다는 것을. 상담을 받던 내담자가 자신의 문제를 해결해 보려는 희망을 보여줄 때 봉사자로서 보람을 한껏 느끼게 된다. 그리고 그들이 잘 되기를 진심으로 빈다. 상담자로서의 경험은 다양한 인생을 살아가는 듯 나를 성장시킨다.

　살아가면서 어려움이 닥쳐왔을 때, 그 문제에 갇혀 너무 부정적으로 몰아가는 경우가 있다. 이럴 때일수록 상담을 통해서 침착함과 지혜를 얻는 것도 필요하다. 지금은 내가 상담 봉사를 하고 있지만 나도 상담을 받은 적이 있다. 남편 직장 따라 타지로 이사를 온 후였다. 나는 낯선 도시가 익숙지 않아 한동안 고립감을 느꼈는데, 문제는 작은아들에게서 나타났다. 전학 왔을 때는 초등학교 3학년이었다. 성격이 활달하고 사교성이 좋아 잘 적응하리라 걱정도 안 했다. 그런데 성적이 조금씩 떨어지자 그것을 견딜 수 없었나 보다. 어느 날 가슴이 답답하다며 숨을 몰아쉬었다. 지켜보는 내가 위로를 해주고 다독거려도 별 차도가 없는 듯했다. 나는 엄마로서 무엇을 해주어야 할지 갑갑했다.

어느 날, 라디오 방송을 통해서 수험생의 입시 스트레스를 상담해 주시는 선생님을 알게 되었다. 상담 선생님은 작은아이의 세세한 부분까지 관찰하셨다. 일대일로 선생님과 한참을 상담하고 나온 아이 얼굴이 금방 밝아졌다.

집으로 돌아오는 길에 나는 무슨 내용이었냐고 물었다. 의사 선생님은 아들이 가정이나 부모와의 문제는 없는지, 학교와 친구와의 문제는 없는지, 세세히 물어보고 성적 문제라는 걸 아셨다. 선생님은 서울대학은 전국에서 우수한 학생들만 갈 수 있는 곳이지만 거기서도 일등에서 꼴등도 있다. 전학으로 환경이 바뀌어 그럴 수도 있으니 스트레스 받지 말라고 하셨단다.

작은아이는 처음으로 부딪친 스트레스를 그렇게 상담으로 풀었다. 얼마 후, 아들은 성적을 회복하더니 슬럼프에서 벗어났다. 적당한 시기의 전문적인 심리 상담은 얼마나 중요한가. 그때 내 관심 부족으로 방치했다면 어떤 결과가 되었을지 아찔하다. 지금은 어엿한 대학생이다. 원하던 대학에 입학했고 학교 방송국 임원으로 열심히 활동한다. 밝고 활기찬 모습이 대견스럽다.

꼭 필요한 시기에 적절한 상담은 인생의 방향에 영향을 준다. 상담 전화선을 타고 들려오는 절절한 이웃의 목소리. 나는 그들에게 작은 위로나 도움이 되길 빈다. 그들의 삶을 통해 나를 바라보고 지혜도 얻게 된다. 상담 봉사를 통해, 나는 얻는 것이 많은 나눔을 듬뿍 받고 있다.

불꽃 심지
- 나는 왜 글을 쓰는가

강원도 산속의 밤이다.

하늘에는 달도 별도 뜨지 않아 사방이 칠흑 같은 비포장 길을 달린다. 오직 자동차 헤드라이터에 의지하여 꼬불꼬불한 좁은 길로 나아간다. 태양 빛 아래 찬란했던 초록 나무들은 거대한 검은 덩어리로 달려들고 때마침 내리기 시작한 보슬비는 음산한 분위기를 자아낸다. 갑자기 문명의 중심에서 원시의 핵심으로 접어든 것만 같았다.

여행 첫날, 예정보다 일정이 늦어졌다. 한적하고 풍경 좋은 곳에 숙소를 예약했나 본데, 어둠이 점령한 산속 초행길에서 숙소를 찾아가기는 힘들었다. 운전하던 남동생은 펜션 주인과 계속 전화로 위치를 확인하며 운전한다. 얼마쯤 갔을까. 차창 밖에서 푸른빛을 반짝이며 날아다니는 무리가 보였다. 스물댓 개 정도의 좁쌀만큼 작은 불빛은 어둠의 바다를 유영하듯 광채를 냈다. "와! 반딧불이", 여동생의 외침에 하품만 하던 일행들이 "반딧불이라고" 하며 일제히 소리를 질렀다.

내가 반딧불이를 이렇게 지척에서 맞닥뜨린 것은 처음이다. 어릴 때 시골에서 자라서 몇 번은 보았을 수 있었을 텐데도, 확실한 기억이 안 난다. 반딧불이의 곡예를 바라보며 나는 어린 시절로 달려간다. 무더운 여름밤 마당에 쑥불 피우고 멍석 위에서 외할머니 옛날얘기를 듣곤 했는데, 동네 몇몇 친구들도 할머니의 얘기 단골손님이었다.

외할머니는 옛날얘기를 시작하시기 전 헛기침을 한 번 하시고 '옛날 옛적에 누가 살았다네' 하며 운을 떼셨다. 매일 비슷비슷한 이야기를 조금씩 변형시켜 듣는 우리가 싫증 내지 않게 하는 이야기꾼이었다. 이야기를 듣다 보면 간혹 먼 산꼭대기에서 번쩍이는 큰 불빛이 경중경중 뛰는 게 보일 때가 있었는데, 외할머니는 손을 들어 산을 가리키며 저게 호랑이 불빛인가 보다 하셨다. 아주 먼 곳이지만 우리는 무섭다고 옛날얘기 듣다 말고 집안으로 도망을 쳤다. 그때는 간밤에 누군가의 집 앞에 호랑이가 다녀갔다는 말도 심심찮게 들리곤 했으니까. 멀리서 작은 불빛들도 반짝이며 허공을 누볐는데 친구들은 '저건 도깨비불이다' '아니다' 저건 저쪽 무덤의 사람의 뼈에서 나오는 불빛이라고 서로 옳다고 우기곤 했다. 아마 그때 본 불빛이 반딧불이는 아니었을까.

그때였다. 내 가슴팍으로 무언가 잽싸게 날아와 꽂혔다. 아주 날렵하고 빠르게. 나는 즉각 손바닥으로 내 가슴팍을 내리쳤다. 모기에게 물릴 수는 없다는 본능적인 방어 자세가 발동한 것이다. 그런데 손바닥에 작은 생명체의 촉감이 느껴지고 내 가슴 언저리에는 초록 불빛이 반짝거렸다. 그렇게 잠시 반짝이던 불빛은 서서히 사그라졌다. 그때야 상황 파악이 되었다. 이제 막 처음 만나 반가워했던 반딧불이가 내 손바닥에 맞아 죽어간 것이다. 예측하지 못한, 그야말로 찰나에 일어난 일이지만 안타깝고 미안했다. 치열한 과정을 거쳐 태어났을 반딧불이의 짧은 생에 연민이 느껴졌다. 모처럼 나들이 기분도 착잡해졌다.

도착지에 거의 왔나 보다. 펜션 주인은 늦게 도착한 우리를 마중 나왔다. 그런데 우리가 너무 늦게 와서 방을 다른 사람에게 주고 그 옆에 조그만 절이 있는데 그 절 요사체로 우리를 안내했다. 여름 한 철, 절에 특별한 손님이 없다면 죽 그렇게 해왔노라고. 의외로 방은 넓고 이부자리는 정갈해서 쾌적했다. 그렇게 그곳에 짐을 부리고 마당으로 나왔다.

불교 신자인 언니와 여동생이 부처님께 절을 올리려 절 안채로 들어가고 나 혼자 마당에 깔아 놓은 돗자리에 앉았다. 주위에서 들려오는 자연의 소리가 청량하다. 바람에 부딪혀 사각대는 나뭇잎 소리와 애잔하게 들려오는 풀벌레 소리. 근처 어딘가에 계곡이 있는지 돌돌돌 구르는 물소리가 정적을 깨운다. 깊은 산속 적막함이 오히려 평화롭게 느껴져서 내 마음이 차분해진다.

어둠 속에서 얼마를 그렇게 앉아 있었다. 반딧불이가 내 가슴에 불꽃 심지 하나 심어놓고 간 걸까. 시상도 떠오르고 수필 감도 생각난다.

하루하루 그날이 그날 같은 밋밋한 일상에서 떠나온 여행이다. 여행

중에 마주친 반딧불이와 나와의 낯선 체험, 나는 이 사연을 글로 옮겨야 할 것만 같다. 산다는 건 모든 생명체에게 절실할 터인데, 아깝게도 비명횡사를 당한 반딧불이를 내 글 속에서 영원히 살아 숨 쉬도록 해주고 싶다. 외할머니의 옛날이야기가 아직도 내 가슴속에 남아 있듯이.

  글쓰기 과정을 통해 나는 그저 함몰된 시간에 묻혀 흘러갈 내 존재를 알리려 한다. 온전히 나를 표현해 내어 내가 살아있음을 드러내기도 한다. 지나간 것들이 언젠가 망각 속에 잠들어 버린대도, 글 속에 잠긴 내 삶은 오래된 골동품처럼 흔적을 남길 것이다. 비록 찬란한 빛은 아니라도 반딧불이의 꼬리에 발광체처럼, 나의 빛인 램프 하나 밝히고 싶다.

깊은 우물
- 나는 왜 수필인가

물에도 맛이 있다.

똑같은 샘이라도 장소에 따라 물맛이 달랐는데, 내 어릴 적 고향의 우물 맛은 달고 시원하기로 이름났다.

우리 집 작은 길 건너 농협 지소가 있었다. 그 안채 마당에 둥글고 깊은 돌우물은 사시사철 맑은 샘이 솟았는데 가뭄이 와도 끄떡없었다. 양철지붕으로 비를 막아주고 큼직한 양철 두레박으로 물을 퍼 올렸다. 여름에는 시원했고 겨울에는 훅훅 김이 나며 오히려 물이 따스했다. 고개를 숙여 우물을 내려다보면 너무 깊고 어두워 두려움이 일었다. 두레박을 내리면 한참 후에야 첨벙, 하는 소리가 들렸다.

내가 어려서 우물이 언제 생겼는지 기억이 나진 않는다. 언제부터인지 물지게를 지고 강으로 물을 길어 가던 동네 사람들이 우물물을 길어다 먹었다. 아낙네들은 텃밭에서 아욱이나 상추를 따다가 우물가에서 씻었다.

친구들과 술래잡기나 고무줄놀이를 하다가 목이 마르면 우물가로 우르르 몰려갔다. 초등학교에 다니던 내가 물을 퍼 올리려면 힘이 들어 두 다리에 힘을 잔뜩 주고 두 손을 부지런히 움직여야 했다. 철철 물이 흐르는 두레박을 우물 턱에 괴어놓고 입을 대고 벌컥벌컥 물을 들이켜면 속이 후련했다.

그 우물 마당 안채 농협 사택에는 농협 조합장이 살고 있는데 몇 년 주기로 주인이 바뀌곤 했다. 내가 중학교 여름 방학 때인가 보다. 방학을 맞아 서울에서 시골집으로 내려왔다. 마침 얼마 전 이사 왔다는 새 농협장의 고등학생 아들도 방학을 맞아 서울에서 내려왔다. 우물에 드나들다 몇 번 까까머리 남학생을 마주친 것 같았다.

어느 날 뒷집 사는 여동생 친구 옥순이가 편지를 가져왔다. 그런데 그 편지의 주인을 잘못 찾아 전해준 것이다. 내게 온 연애편지를 언니에게 전달한 것이다. 그 편지로 온 집안이 시끌벅적했다. 작은언니는,

"성옥아 너한테 연애편지 왔다." 하며 깔깔거리고 동생들도,

"어디 어디" 하며, 달려들고, 어디 그것뿐이던가. 호랑이처럼 엄하신 아버지에게,

"아버지 성옥이한테 뒷집 고등학생이 연예편지를 보냈대요." "이것 보세요." 하며 일러바쳤다. 나는 창피함보다 엄한 아버지가 불호령을

내리실까 무섭기만 했는데, 아버지는 못 들으신 척 아무 말씀을 안 하셨다. 언니와 동생들이 더 신나서 떠들던 내 최초의 연애편지는 은밀하지도 가슴 뛸 시간도 없이 그렇게 지나가 버렸다.

오래전 고향을 떠나온 뒤 한참 만에 찾아가 보니 그 우물은 메워지고 그 자리에 창고가 들어섰다. 그 시원한 우물물 한 모금이 그리웠다.

바쁘게 살아오느라 너무 오랫동안 잊고 있던 나의 존재에 대해 '내가 누구지?' '나는 어디 있는 거야?'라는 공허한 울림이 내 가슴을 메우곤 했다. 아이들의 엄마와 한 남자의 부인 말고 나는? 뭔지 모르게 목이 마르는데, 왜 그런지 답답하기만 했다.

그렇게 오십이란 나이를 훌쩍 넘기고 비로소 나는 나를 들여다보게 되었다. 그 누구도 아닌 나만의 것과 나의 삶의 모습들을. 그것은 잊혀버린 것이 아니라 나의 심연 깊은 곳에 가라앉아 있었던 것이다. 내 유년의 추억도, 나의 사랑도, 외로움과 상처까지도…. 나는 퍼 올리고 싶었다. 내 존재의 조각들을 퍼 올려 밝은 햇볕을 쬐고 싶었다.

조바심이 났다. 내 최초의 연애편지가 아쉬움을 남기며 지나쳤듯이, 고향의 우물이 땅속으로 메워져 버렸듯, 그렇게 가뭄에 샘 마르듯 내가 사라져버리면 어찌하나.

나는 내 삶의 발걸음을 쫓아 되 걷기도 멈추어 서기도 했다. 멈추어서 바라보는 시간은 따뜻했다. 따스한 언어가 언 몸을 녹였다. 물이 고였다. 작은 물줄기가 글자를 새겼다. 글자는 단어로 다시 살아 숨 쉬는 문장이 되었다. 그리고 한 편의 수필이 되어갔다. 글 속에서 비로소 내가 보였다. 나는 못생기고 모자란 내 삶의 모습도 사랑스러웠다. 누군가 흉을 본데도 상관없었다.

　나만의 색깔이 나만의 언어로 샘을 파고 있다. 땅이 너무 척박하고 돌이 많아 고르고 다듬으며 더 열심히 샘을 파야 한다. 생활 탓하며 게으르고 자신 없다고 누워버린 적도 여러 번이다. 글을 쓴다는 것은 나를 닦아가는 과정이기도 했다.

　하지만 그 향긋한 물맛을 포기할 수는 없다. 이미 중독이 되어버렸으니. 오로지 샘을 팔 수밖에. 샘은 팔수록 맑은 물이 고이게 마련이니까.

　고향의 우물물처럼 깊고 맛이 좋은, 그런 수필을 쓸 수 있다면, 얼마나 많은 담금질을 해야 할는지 나는 오늘도 컴퓨터 자판기를 두드린다.

최성옥의 수필 세계

서정수필과 서사수필의 경계 허물기

유한근
문학평론가 · SCAU 교수 역임

　최성옥 작가는 수필전문지 《수필과비평》(2003)으로 등단하여 첫 작품집 《괜찮다》를 상재하는 작가이다. 책을 내면서 작가는 서문에 이렇게 토로한다. "오랜 시간 깊이 묻어두었던 나의 수필. 언젠가는 낡아져서 먼지처럼 날아갈 것만 같았던, 내 삶의 이야기들을 이제야 펼치련다. 오랜 정적의 시간 속에서도 내 수필을 잊은 적은 없었다. 수필을 쓰면서 나를 들여다보는 작업은 삶의 원동력이었"음을 밝히면서 "세상일, 마음먹은 대로 되는 건 없듯이, 언젠가 내 수필집을 내야지 했다. 그런데 언젠가가 너무 많이 늦어졌다. 때론 걸림돌에 걸려 글쓰기를 게을리하기도 했고, 남편의 긴 투병 생활로 10년 동안 옆에서 간병을 하느라 내게 글 쓰는 일은 사치였다./3년 전, 아픈 남편을 하늘나라로 보내 드리고 정신이 조금 나자 그제야 내가 쓴 글들을 다시 읽어보았다. 소소한 나의 삶의 편린들이 그림처럼 색색이 물들어 있었다. 보잘것없지만 내겐 소중한 흔적들이다. 책으로 묶"는다고 밝히고 있다. "언젠가는 낡아져서 먼지처럼 날아갈 것만 같았던, 내 삶의 이야기들" 혹은 "소소한 나의 삶의 편린들", "보잘것없지만 내겐 소중한 흔적들"이라고 자평한 수필 속 이야기를 겸손하게 말하고는 있지만 작가에게 있어서 자신의 이야기들이 어느 것보다도 소중한 것들이다. 결코, AI도 훔쳐갈 수 없는 특별한 이야기들이다.

  한편, 최성옥 작가는 두 편의 에세이 〈불꽃 심지-나는 왜 글을 쓰는가〉와 〈깊은 우물-나는 왜 수필인가〉에서 자신이 왜 글을 쓰는지 그리고 자신에게 수필은 무엇인가에 대하여 담론하고 있다. 이 두 편의 수필은 서사수필로 자신이 체험한 이야기를 서사로 전개한 뒤 주어진 테마에 맞추어 메시지를 전언한 에세이라 할 수 있는 전반부는 가벼운 문체로, 후반부에는 다소 무거운 문체로 담론한 수필이라 할 수 있다.

①어둠 속에서 얼마를 그렇게 앉아 있었다. 반딧불이가 내 가슴에 불꽃 심지 하나 심어놓고 간 걸까. 시상도 떠오르고 수필 감도 생각나고.

하루하루 그날이 그날 같은 밋밋한 일상에서 떠나온 여행. 여행 중에 마주친 반딧불이와 나와의 낯선 체험. 나는 이 사연을 글로 옮겨야 할 것만 같다. 산다는 건 모든 생명체에게 절실할 터인데, 아깝게도 비명횡사를 당한 반딧불이를 내 글 속에서 영원히 살아 숨 쉬도록 해주고 싶다. 외할머니의 옛날이야기가 아직도 내 가슴 속에 남아 있듯이.

글쓰기 과정을 통해 나는 그저 함몰된 시간에 묻혀 흘러갈 내 존재를 알리려 한다. 온전히 나를 표현해 내어 내가 살아있음을 드러내기도 한다. 지나간 것들이 언젠가 망각 속에 잠들어 버린대도, 글 속에 잠긴 내 삶은 오래된 골동품처럼 흔적을 남길 것이다. 비록 찬란한 빛은 아니라도 반딧불이의 꼬리에 발광체처럼, 나의 빛인 램프 하나 밝히고 싶다.

— 〈불꽃 심지-나는 왜 글을 쓰는가〉 중에서

②나는 내 삶의 발걸음을 쫓아 되 걷기도 멈추어 서기도 했다. 멈추어서 바라보는 시간은 따뜻했다. 따스한 언어가 언 몸을 녹였다. 물이 고였다. 작은 물줄기가 글자를 새겼다. 글자는 단어로 다시 살아 숨 쉬는 문장이 되었다. 그리고 한 편의 수필이 되어갔다. 글 속에서 비로소 내가 보였다. 나는 못생기고 모자란 내 삶의 모습도 사랑스러웠다. 누군가 흉을 본데도 상관없었다.

나만의 색깔이 나만의 언어로 샘을 파고 있다. 땅이 너무 척박하고 돌이 많아 고르고 다듬으며 더 열심히 샘을 파야 한다. 생활 탓하며 게으로고 자신 없다고 누워버린 적도 여러 번. 글을 쓴다는 것은 나를 닦아가는 과정이기도 했다.(…)

　　고향의 우물물처럼 깊고 맛이 좋은, 그런 수필을 쓸 수 있다면. 얼마나 많은 담금질을 해야 하는지. 나는 오늘도 컴퓨터 자판기를 두드린다.

　　　　　　　　　　-〈깊은 우물-나는 왜 수필인가〉 중에서

　①은 강원도 여행길에서 만난 반딧불이 체험으로 유년 시절 외할머니댁에서 체험한 반딧불이와 도깨비불 이야기를 병치시켜 진행하다가 작가의 손바닥에 죽은 반딧불이의 짧은 생을 만나게 된다. 짤막하지만 치열한 반딧불이의 생에 대한 연민을 통해서 영원성에 대한 사유과 창작 정신을 연결시킨다. ②의 경우는 유년 시절의 우물 맛 이야기와 우물터의 연애편지 사건을 소환하다가 그 우물 맛이 그리워 찾아갔지만 없어진 우물. 그 우물은 단순한 그리움의 대상이라기보다는 자아정체성을 들여다보게 하는 매개물임을 인식하게 되는 그 과정을 그린 수필이다.

　그리고 작가가 이 서사수필에서 말하고자 한 메시지는 ①은 위의 인용문에서 보듯이 "아깝게도 비명횡사를 당한 반딧불이를 내 글 속에서 영원히 살아 숨 쉬도록 해주고 싶다. 외할머니의 옛날이야기가 아직도 내 가슴 속에 남아 있듯이 글쓰기 과정을 통해 나는 그저 함몰된 시간에 묻혀 흘러갈" 자신의 존재를 알리고, 온전히 자신을 표현해 내어 내가 살아있음을 보여주기 위해서 글을 쓴다는 메시지이다. ②

의 경우는 위의 인용문 "글자는 단어로 다시 살아 숨 쉬는 문장이 되"고, "한 편의 수필이 되어"가면서 "글 속에서 비로소" 작가가 자신이 보인다는 토로를 통해서 작가는 "나만의 색깔이 나만의 언어로 샘을 파고 있"고 "땅이 너무 척박하고 돌이 많아 고르고 다듬으며 더 열심히 샘을 파야 한다"는 생각으로 "생활 탓하며 게으르고 자신 없다고 누워버린 적도 여러 번" 있지만, "글을 쓴다는 것은 나를 닦아가는 과정이"라는 것을 알기에 작가는 "오늘도 컴퓨터 자판기를 두드린다"고 창작 과정을 통해 작가 정신을 엿보게 한다.

1. 창작적 대상인 사물이 표상하는 의미

최성옥 수필의 제목은 작품을 표상하는 사물들이 많다. '녹색 구두' '놋쇠 화로' '어머니의 놋그릇' '보퉁이' 등 사물 이름이 제목인 것, 그 제목이 수필의 글감이기도 하지만 작가가 말하고자 하는 바를 표상하는 사물이기 때문이다. 앞서 작가의 말에서 "언젠가는 낡아져서 먼지처럼 날아갈 것만 같았던, 내 삶의 이야기들" 또는 "소소한 나의 삶의 편린들", "보잘것없지만 내겐 소중한 흔적들"을 표상하는 사물들이기 때문이다. 그 하나의 예가 수필 〈녹색 구두〉에서의 '녹색 구두'이다.

〈녹색 구두〉의 서두는 이렇게 시작된다. "신발장 문을 열었다. 가족들의 신발들이 가지런히 놓여 있다. 그중에서 내 신발 몇 켤레를 추려 낸다. (…) 신발장 밖으로 꺼낸 내 신발들은 지나간 시간들이 정지된 채 머물러 있는 것 같다. 검정 바탕에 흰 선을 두른 굽 높은 구두. 올여름 한 번도 신어보지 못한 푸른색의 여름 샌들"이 그것인데, 이렇게 신발들을 나열하는 것은 그 신발을 신었던 그때를 소환하기 위한 것이기도 하지만, 그 신을 신어야 하는 용도와 그때 신발 주인공이 했던 일을 이야기하려는 것일 것이다. 신발은 그 신발을 신었던 사람의 여정 혹은 경력과 관련 있는 것으로 삶의 발자취를 표상하는 사물이다. 예컨대 수필 〈녹색 구두〉에서 "하얀 테두리가 쳐진 검정 구두를 신고 다닐 때는 한창 제멋에 겨웠던 때이다. 문화센터를 다니며 취미생활이다, 봉사활동이다, 바쁘게도 살았다. (…) 새의 부리처럼 가늘고 굽이 긴 푸른색 샌들은 여름 내내 발걸음을 같이 했다. 은색 페디큐어를 바른 맨발에 신으면 너무나 시원한 느낌이었다. 가는 굽 때문에 걸음걸이도 조신하게 걸어야 했다. 자기도취에 흠뻑 빠져 못생긴 내 발도 예쁘게만 보였던 시절"이라는 작가의 토로만 보아도 그러하다. 그래서 최성옥 작가는 "신발장 밖으로 우르르 꺼내놓은 구두들은 제각각 나와 함께한 추억을 간직하고 있다"고 말하기도 한다. 그러면서 특별하게 생각했던 '녹색 구두' 이야기를 시작한다.

갓 시집와서이다. 새댁의 호주머니 사정으로는 꽤 부담이 되는 구두를 산 적이 있다. 그만큼 내 마음을 사로잡았다. 녹색 바탕에 새싹 같은 리본이 달린 예쁜 구두였다. 그런데 너무 꼭 맞는 걸 산 것이 흠이 됐다. 어쩌다 외출을 하면 발뒤꿈치가 까지고 온 다리가 저려 절뚝거리며 집으로 돌아와야 했다. 안타깝지만 아무리 맘에 들어도 신을 수가 없었다. 어느 날 이웃에 사는 친구에게 그 녹색 구두를 신겨 보내고 무척이나 섭섭해했다.

나는 이제 신발장에서 추려 놓은 구두들을 쓰레기봉투에 담고 있다. 예전에 단지 발에 안 맞아 친구에게 준 녹색 구두가 있었다면, 이제는 정들었던 구두들과 피치 못할 이별을 해야 한다.

그러다 문득 그리스 신화에 나오는 스핑크스의 수수께끼가 떠오른다.

'아침에는 네 발로 걷고, 낮에는 두 발로 걷고, 저녁에는 세 발로 걷는 동물은 무엇인가?'

인간의 노화를 말하는 이 수수께끼를 풀고 있자니 한편으로는 다시 기운이 난다. 아직도 나는 두 발로 걷고 있지 않은가. 굽 높은 구두를 못 신으면 어떻고, 예쁜 샌들을 신은 여인들의 다리를 감상만 하면 또 어떠랴.

- 〈녹색 구두〉 중에서

위의 인용문을 통해서 볼 때, 작가에게 있어 '녹색 구두'가 표상하는 것은 새댁이라는 그 시간, 그 시절이다. 그리고 젊음을 의미하며, 확대하면 세월의 무상함을 의미하는 것으로 이해해도 좋을 것이다. 그래서 작가는 이 수필의 결말 부분에서 이렇게 마무리한다. "예전에는 산악회를 따라서 전국 명산들을 돌며, 산을 실컷 즐겨보았으니 다행인 것. 그나마 동네 야트막한 산이라도 아직은 오를 수 있다는 것에 만족한다. 푸른 산은 여전히 나를 기다리며 '어서 오라' 한다. 내 무릎 상태에 맞게 걸으리라. 이제는 운동화가 내겐 제격이다. 즐거운 외출을 위해 운동화 끈을 질끈 동여맨다"고 마무리한다. 따라서 이 수필에서 '녹색 구두'는 문학성을 구현하는 소도구 역할을 하고 있는 셈이다.

　이런 점에서 수필 〈놋쇠 화로〉의 '놋쇠 화로'도 마찬가지이다. 이 수필의 서두에서 작가는 이렇게 토로한다. "내겐 아주 각별하고 소중한 놋쇠 화로가 하나 있다. 친정아버지께서 생전에 쓰시다 내게 주신 것이다. 내게 온 지도 20년 가까우니 세월의 때도 더 깊어졌다"가 그것인데 이로 보아도 작가에게 있어 놋쇠 화로는 한의사였던 아버지의 소중한 유품이다. "놋쇠 화로는 원통형의 부드럽고 편안한 모습이다. 양쪽 손잡이는 정교한 사자머리 장식을 넣어 자칫 밋밋해 보일 수 있는 외형을 돋보이게 했다. 화로 앞면에는 은으로 상감을 넣은 보름달과 매화나무 한 그루가 있다. 한껏 풍만해진 만월은 교교한 달빛을 내뿜고, 그 달빛 아래 만발한 매화 서너 송이가 은빛 미소를 흘린다. 매화나무 아래로 몇 그루의 대나무와 몸통 뒷면에는 시구詩句인 한자가 음각 되어있"는 품위 있는 화로이다. 그래서 후한 값으로 팔라고 하지만 작가는 아버지의 유품이기 때문에 팔 생각이 없다. 이 수필의 결말 부분에서 이를 밝히고 있다. 놋쇠 화로가 곧 아버지의 모습임을 밝히고 있다. "어린 시절 내가 느끼던 아버지는 놋쇠처럼 단단하고 위엄 있는 모습이었다. 그래서 아버지가 좋으면서도 어리광 한 번 한 기억이 없다. 엄하신 아버지는 늘 하늘 같은 존재였다. 평소 손에 매 한 번 들지 않으시고 우리 형제들을 타이르시던 아버지. 하지만 2대 독자 귀한 막내아들이 일부러 유리창을 깨트리며 버릇없이 굴자 무섭게 회초리를 드시던 아버지의 모습은 의외였다. 지금 생각하면 귀한 자식 잘못될까 사랑의 매를 치신 것이다"라는 기억들이 그것이다. 하지만 이 수필은 이 놋쇠 화로 이야기만 하려는 것이 아니라 그리운 아버지 이야기를 하고자 하는 수필이다. 가업을 이어받은 한의사였으며, 대학에서 일정 기간 의학 공부하여 양의사 자격을 획득하여 무의촌과 보건소장을 지냈던 아버지. 아버지가 60년 넘게 정든 집을 떠나 서울 아들 집으로 오시던 날, 작가는 새벽 기차를 타고 친정으로 내려가 놋쇠 화로 하나를 얻어 온다. 서울로 올라오신 아버지는 외손주를 귀여워했지만, 남편 따라 대전으로 이사한 후 적조하다가 위급하여 병원에 입원했다는 급보를 받고 올라와 뵌다. "산소 호흡기 입에 달고 말씀조차 하실 수 없었"던 아버지. 아이들과 남편 뒷바라지에 "아버지 옆에서 밤 한 번 세워드리지 못"했던 아버지에 대한 불효, 그리고 임종을 지키지 못했던 아버지의 죽음 등 작가는 "불효했다는 마음이 종종" 가슴 깊이 통증을 앓았다.

    내게 있는 놋쇠 화로는 아버지의 진료실에 놓였던 화로 가운데 하나다. 햇살에 스미는 온돌방 한가운데는 놋쇠 화로가 놓여 있었다. 아버지는 긴 장죽으로 화로에서 담뱃불을 붙이기도 하시고 찻물도 끓이셨다. 주전자에서 품어내는 뜨거운 김과 한약 냄새와 먹물 냄새는 특이한 향수로 온 방에 퍼졌다. 아버지는 놋쇠 화로 곁에서 환자들을 진료하시고 난도 치시고 붓글씨도 쓰셨다. 한약을 짓거나 진료를 하러 온 환자들도 놋쇠 화로 곁에서 언 몸을 녹였다. (…)

 잦은 왕진은 에피소드도 많았다. 그날도 아버지는 밤을 새워 환자를 진료하고 어두운 산길을 돌아 집으로 오시는 길이었단다. 아무리 걸어도 그 길이 그 길이었다. 한동안 산속을 헤매다 새벽을 맞았고 엉뚱하게도 낯선 강가에 와 있는 당신을 보고 놀라셨던 이야기, 일명 도깨비에 홀린 사건이었다. 한 번 입을 여시면 달변가이신 아버지의 무용담을 귀동냥으로 듣는 것이 아주 신비하고 재미있었다. 그래서인지 나는 가끔 진료실로 가만히 들어가 아버지 등 뒤에 앉아 있다가 잠이 들기도 했다.

- 〈놋쇠 화로〉 중에서

 아버지의 진료실에 놓여 있던 놋쇠 화로와 위의 인용문에서의 아버지 환자들에 대한 사랑들은 위의 이야기뿐만 아니라 많을 것이다. 위의 행간 속의 이야기만 하더라고 그 옛날 시골 의사의 왕진 진료 행위 등의 이야기는 서사수필에서의 압축된 스토리로 원 소스 멀티 유스적 스토리로서의 가치를 지니게 된다. 이런 점에서도 최성옥 서사수필의 가치는 증대된다. 그러나 작가는 이 수필의 결말에 이렇게 토로한다. "놋쇠 화로를 닦아 놓으니 빛이 난다. 평소 아버지가 붓으로 즐겨 치시던 대나무와 보름달, 은빛 매화도 선명하다. 하지만 속이 텅 빈 화로를 보고 있자니 마음이 쓸쓸해진다. 그때 어디선가 은은한 매화 향기가 포근하게 나를 감싸는 느낌을 받는다"고 서정적이고 감각적인 이미지로 마무리한다. 서정수필로서의 면모도 보여주고 있는 셈이다.

수필 〈보퉁이〉는 택시에서 잃어버린 보퉁이를 모티프로 한 서사수필이다. 그 보퉁이 속에서는 "가을 내내 정성들여 짠 작은아이의 털옷 한 벌"이 들어있는 보퉁이였다. 이 사실로만 보면 이 수필은 자식 사랑을 이야기하기 위한 수필로 보인다. 그러나 그보다는 200년 넘은 고택 종갓집에서 살았던 "종부宗婦라는 무거운 책임을 안고 사신 생전의 시어머님" 이야기와 "가정주부로 살림 야무지게 하며 부지런함을 떨던 젊은 날의 내 모습들. 아이들을 키우며 행복했던 보람의 시간들이 흔적도 없는 시간의 보퉁이에 쌓여있"는 것들, 그것들을 작가는 이 수필의 마지막 문장에서 "돌아올 수 없는 것은 늘 아련한 그리움으로 남는데. 이젠, 내게 남은 시간의 보퉁이엔 무얼 퍼 담을까"를 되묻는다. 이 수필에서의 보퉁이는 단순히 물건 싸는 보자기의 의미보다는 지난날 앞서 언급한 "언젠가는 낡아져서 먼지처럼 날아갈 것만 같았던, 내 삶의 이야기들" 또는 "소소한 나의 삶의 편린들", 보잘것없지만 최성옥 작가에겐 소중한 흔적들을 싸는 보퉁이인 셈이다.

수필 〈시어머니의 놋그릇〉도 같은 맥락의 수필이다. "열네 살 어린 나이에 종갓집으로 시집을 오신 나의 시어머니. 70년 세월을 터줏대감처럼 그 한 곳에서 살다 가셨다. 시부모 섬기는 일이며 집안 대소사, 일 년이면 열두 번씩 올리는 제사를 소홀함 없이 지켜내셨다./종갓집 음식 솜씨는 맛 좋기로 온 동네에 소문이 났다. 특히 누룩을 띄워 맑게 빚은 술은 제주로 일품이었다. 마디가 굵은 시어머니의 손에서는 늘 고소한 참기름 냄새가 떠나지 않았다. 어쩌다 시어머니가 만드시는 음식을 옆에서 거들기라도 할 때면, 나는 긴장되고 주눅 들기 일쑤였다. 시어머니의 불호령이 언제 떨어질지 몰라서다. 그렇게 본보기를 보이는 시어머니의 음식 솜씨를 어깨너머로 배우며, 까다로운 남편 입맛도 맞출 수 있었다"라는 단편적인 이야기를 통해서도 시어머니에 대한 삶이 어떠했는지를 알 수 있고 성품까지도 알 수 있다. 이 수필에서 최성옥 작가는 이렇게 시어머니에 대한 그리움을 이렇게 마무리한다. "오늘도 놋그릇을 보며 문득 시어머니 생각이 난다. 시어머니가 즐겨 해주시던 약식을 솥에 안친다. 밤, 대추, 잣이 어우러진 갈색의 밥알들이 뽀얀 김을 토해낸다. 아주 차지고 맛있는 약식이 되었다. 잘 닦인 놋대접에 약식을 퍼 담는다. 노란색과 어우러져 한결 먹음직스럽다"라고.

2. 유년의 서정성과 감성수필의 면모

작가의 작품세계를 탐색하는데 있어 간과할 수 없는 부분은 작품

세계의 '세계'라는 언어가 의미하는 바 시간과 공간이다. 세계의 '세世'는 '세상'이라는 의미도 있지만 그보다는 '때'라는 시간적 의미를 갖는다. 그리고 계界는 지경세, 경계세로 지역 공간이라는 의미를 갖고 있다. 그래서 무슨 세계이든 그것을 탐색하기 위해서는 시·공간적 의미를 살피게 된다.

이에 따라 작가가 현재 살고 있는 시간과 공간도 중요하지만 작품을 분석할 때 평자는 작가의 원체험 공간을 주목한다. 알게 모르게 작가는 작품 속에 원체험 공간인 고향의 체험을 반영하기 때문이다.

수필 〈고향역을 스쳐가는 기차〉는 작가의 고향인 "남한강과 북한강이 서로 만나 합수머리를 이루는 작은 마을" 역을 지나가는 기차를 모티프로 한 수필이다. 여기에서의 기차, 기차가 지나기는 고향역은 고향을 그리는 계기를 마련해주는 역할을 하는 것이지 그와 연결된 이야기를 하기 위한 설정은 아닌 것으로 보인다. 고향의 서사라기보다는 고향에 대한 서정을 그린 수필이라는 점이다. 역과 관련된 문장은 "역으로 가는 길은 고향집을 조금 벗어나 미루나무 가로수가 나풀대는 신작로를 돌아 기역 자로 꺾인 길로 들어선다. 그곳엔 작은 우체국이 있다. 빨간 우체통이 보란 듯이 도도해 뵌다. 저만치 아담한 기차 역사가 보였다. 그 작은 역사 안에는 잡곡이나 푸성귀를 뽑아 들고 오일장을 찾아 나서는 시골 아낙들의 왁자지껄 떠드는 소리나 모처럼 서울나들이 하는 사람들로 붐빈다. 하지만 기차 시간이 지나가면 역사 안은 적막하고 나무 의자만 주인 없이 졸고 있기 마련이다"는 문장이 기차역에 대한 구체적이고 서정적인 묘사이다. 그다음은 기차를 타기 위해 혹은 기차로 고향으로 돌아오는 통로로서의 기차역이 등장할 뿐이다. 이를 통해서 볼 때, 기차역은 기차로 가는 통로가 되는 셈이다. 그리고 기차는 "우리 집 뒷마루에 서면 저만치 북한강을 가로질러 놓인 철교가 보였다. 산모롱이를 돌아 긴 철교 위로 기차가 들어서면 철커덕 철커덕 쇳소리를 냈는데 동네 사람들은 시계의 알람처럼 시간을 가늠하기도 했다. 달리는 기차를 바라보며 꿈 많던 어린 소녀는 미지의 세계를 동경하곤 했다"에서 기차는 작가의 유년 시절의 동경이었고 꿈의 몽상이었을 것이다.

작가의 유년 시절의 기차에 대한 첫 기억은 외가에 가신 어머니의 부재로 인한 슬픈 기차. 밤 기차를 타고 돌아온 어머니와의 여덟 살 때의 포옹. 고향을 떠나 상급학교 진학으로 인해 타본 기차 등 모든 게 그립고 설렜던 기차였는데, 지금의 기차는 그때와 다른 기차임을 이렇게 서술한다.

서울에서 지척 거리에 고향이 있어 토요일이나 방학이면 기차를 타고 집으로 달려가곤 했다. 하지만 부모님이 돌아가신 후, 이제 고향에는 아무도 날 반겨주는 사람이 없다. 그 상실감은 허전함으로 다가온다. 그래서인지 나는 이따금 기차를 타고 고향역에 내리는 꿈을 꾸곤 했다. 코스모스 무리 지어 핀 철길을 따라 역사 밖으로 나오면 미루나무 가로수가 늘어선 신작로를 걸어 집으로 향하는 꿈을. 어느 때는 기차 시간을 놓쳐서 떠나가는 기차를 안타깝게 바라보다가 퍼뜩 잠에서 깨기도 했다. (…)

　　연어가 알을 낳기 위해 고향의 강으로 회귀하듯 나는 다시 고향의 추억을 부화시키고 어쩌면 급물살처럼 너무 멀리 그리고 빠르게 달려오느라 지친 심신을 고향에서 위안받고 싶었는지도 모른다.
　　　　　　　　　　　　- 〈고향역을 스쳐가는 기차〉 중에서

　기차가 달라진 것은 위의 인용문에서 보듯이 부모님이 돌아가신 후 고향에는 반겨주는 사람이 없기 때문이다. 부모님이 돌아가시면 고향이 없어졌다는 생각이 든다. 부모님이 곧 고향이기 때문에 그런 고향의 상실감을 갖게 되는 것이다. 그로 인해 작가는 고향에 내리는 꿈, 고향 가는 기차 시간을 놓치는 꿈을 꾸는 것이다. 그것을 작가는 "지친 심신을 고향에서 위안받고 싶"기 때문이라고 사유한다.

　이 수필은 이렇게 시작된다. "한적한 숲길에서, 오래전 폐쇄되어 붉게 녹슨 철길을 만날 때가 있다. 그럴 때면 마냥 철길을 걸어보고 싶은 충동이 인다. 외줄타기 하듯 철길 위에서 곡예도 해보고 침목을 하나둘 세어 가며 건너뛰어 보기도 한다. 기차에서 내려 철길을 건너던 생각을 해보며./한때는 힘찬 기적소리와 흰 연기 내뿜으며 기차가 달렸을 철길. 이제는 빛바랜 내 유년의 흑백사진처럼 침묵을 머금은 채 고요 속에 잠겨있다"라고. 그리고 결말 부분은 "고향역이 가까워지면 어둡고 긴 터널을 지난다. 산모롱이를 돌아나가면 푸른 강줄기가 보인다. 햇볕의 파편들은 강물 위로 내리쬐어 은빛 물고기의 비늘처럼 반짝인다"고 마무리된다. 이 수필의 서두와 결말 문장은 다분히 감각적으로 서정수필의 면모를 지니고 있다. 그림 그리듯이 이 풍경만을 그리면 시가 묘사시가 될 수 있는 요소가 있다.

하지만 이 수필에서 작가가 말하고자 하는 메시지는 "먼 길을 가다 잠시 멈추어 숨을 고르듯 나는 고향을 맛본다. 내 뿌리를 포근히 감싸주던 부드러운 고향의 땅, 맑은 수액으로 나를 채우던 고향의 강, 나를 귀하게 키워주신 사랑하는 부모님, 나의 유년이 고스란히 숨 쉬고 있는 곳"이 고향임을 환기하는 수필이다.

같은 맥락의 수필 〈남폿불이 비춘 새벽길〉은 작가가 고향을 떠나 서울 외삼촌 댁에서 여학교를 다닐 때의 이야기를 쓴 수필이다. "토요일이면 시골집으로 내려가서 일요일을 가족과 보"내고, "월요일 새벽 기차를 타고 학교로 가"야 하는데, 어머니와 새벽길을 나선 그때 기억을 최성옥 작가는 서정적으로 아름답게 표현한다.

> 어머니는 남폿불을 들어 어둠을 밝히고 나는 책가방을 든 채 새벽길로 나섰다. 어제 내린 눈이 녹지 않아 미끄러웠다. 사방에 깔린 어둠, 코끝을 얼얼하게 때리는 찬바람은 어깨를 잔뜩 움츠리게 했다. 새벽 정적을 깨우는 어머니와 나의 사각대는 발걸음 소리만 들렸다. 하얀 눈길을 더듬으며 걷다 무심코 올려다본 하늘에는 초승달도 추위에 떨고 있는지 파리해 보였다.

몸이 편찮으신 어머니가 추운 새벽바람을 쐬는 것은 무리였다. 하지만 철없던 나는 엄마의 배웅을 받으며 그 새벽길이 얼마나 행복했던지. 어머니는 당신 몸이 아프신 것보다 컴컴한 새벽길을 나서는 딸이 더 염려스러웠을 것이다.

저만치 기차 역전의 불빛이 보이고 웅성대며 역으로 향하는 사람들의 모습이 보이자 어머니는 "어서 가렴" 하며 내 등을 쓰다듬으셨다.

나를 배웅하고 하얀 새벽길 찬바람 속을 휘적휘적 되짚어가시던 어머니. 역으로 향해 걸어가다 뒤돌아보면 어머니는 멈추어 서서 남폿불을 높이 쳐들고 나를 바라보고 계셨다. 남포불빛이 바람에 일렁거렸다.

— 〈남폿불이 비춘 새벽길〉

작가의 어머니는 작가를 나은지 삼칠일 만에 1·4후퇴가 터졌고, 그로 인해 산후조리를 못해 병을 얻어 마흔아홉 아까운 나이에 돌아가신 어머니에 대해 작가는 "어머니가 진달래꽃 지천인 꽃길 따라 먼 길로 떠나신 후에야 극진한 사랑을 떠올리곤 했"기 때문에, 어머니와 새벽에 남폿불을 들고 서울 가기 위해 역으로 가는 길을 동행했던 기억들은 소중했을 것이다.

특히, 지금은 찾아볼 수 없는 남폿불과 책가방, 겨울 새벽길의 추위까지도 작가에게는 모두 서정으로 남아 있어 위와 같은 감성적인 수필 문체를 가능케 하는 것으로 보인다. "새벽 정적을 깨우는 어머니와 작가의 사각대는 발걸음 소리. 하얀 눈길을 더듬으며 걷다 무심코 올려다본 하늘에는 초승달도 추위에 떨고 있는지 파리해 보였다"는 표현은 당대의 서정을 표상하는 이미지들이다.

그래서 작가는 아들에게 외할머니의 이 이야기를 해준다. 그것을 작가는 결말 부분에서 이렇게 토로한다. "다시는 내 어머니와 걸어볼 수 없는 길을 어린 아들과 함께 그 회포를 풀어내기라도 하려는 듯이. 어린 아들이 자라서 엄마의 손을 잡고 또는 등에 업혀 걷던 이 눈길을 기억해 낼까. 아마 너무 어려서 기억해내지 못할지도 모른다. 하지만 엄마와의 따뜻한 교감은 마음속에 새겨져 있으리라./긴 여로에서 문득문득 힘이 되어주는 어머니의 사랑, 어두운 눈길을 비추던 남폿불처럼 내 영혼을 충전해주는 아득한 시간 속의 새벽길. 나는 오늘도 멈추지 않고 힘찬 걸음을 내딛는다."고 이 수필을 마무리하면서 그 어두운 눈길과 남폿불이 자신의 영혼을 충전시키는 서정이었음을 토로한다.

수필 〈강물처럼 할머니처럼〉도 고향과 외갓집 외할머니 등, 가족 이야기 수필이다. 이 수필도 서두를 이렇게 시작한다. "저녁나절 산책을 나섰다. 내가 살고 있는 아파트 후문을 벗어나면 바로 기다란 공원이 있다. 아파트라는 거대한 시멘트 숲속에 오아시스 같은 푸른 자연의 숲이 존재하는 것이다. 이 공원을 나는, 나의 정원이라 부른다. 막힌 숨을 뚫어주는 휴식의 공간이다"와 같이 현재 이야기를 서술하다가 어떤 계기를 통해 과거의 기억 속으로 돌아간다. 이 수필에서는 개구리 소리이다. "개구리 소리는 잠재된 내 의식을 깨우는 서곡이 되었다. 어떻게 이 작은 연못까지 찾아오게 된 건지, 식구들은 몇 명이나 되는지, 언제까지 머무를 예정인지, 그 옛날 내 고향 강가에서 울던 개구리를 혹시 알고 있는지, 나는 내 마음의 시선으로 개구리에게 말을 걸고 싶었다."가 그것이다. 그리고 고향 강가 마을을 소환하여 개구리 이야기를 전개한다. "봄이면 강가의 단골손님은 개구리다. 어린 청개구리와 어른 개구리 그리고 갈색 피부의 몸집이 다소 큰 두꺼비들이 풀밭을 누빈다. 사내아이들은 개구리를 잡아 풀줄기에 꿰어 메고 다녔다. 아이들 간식거리로 희생된 불쌍한 개구리들. 회색빛으로 내려앉은 어두운 하늘, 그런 날이면 개구리는 더 자지러지게 울었다. 분명, 그 소리에 높낮이가 있어 화음을 이룬 합창대 같았다. 개골소리에 화답이라도 하듯 봄비는 소리 없이 내렸다./외할머니는 개구리 소리를 벗 삼아, 우리에게 청개구리 얘기를 해주셨다. 말썽쟁이 어린 청개구리는 무엇이든지 반대로만 하는 심술꾸러기였다. 오죽하면 개구리 엄마는 죽으면서 산에 묻지 말고 강가에 묻어달라는 유언을 했을까. 청개구리가 반드시 거꾸로 할 것이라는 생각을 하면서"라고 개구리와 외할머니 이야기를 연결시켜 서술을 전개하다가 본격적인 외할머니 이야기를 한다. 고향을 떠나 서울로 올리와 큰 외삼촌 댁에 사는 외할머니의 소외된 삶을 그리다가 작가 자신의 이야기로 돌아온다.

예전에 할머니처럼, 내게도 지금 탈출구가 필요하다. 지친 심신을 잠시라도 쉬었다 올 곳이 있다면. 할머니의 나이만큼 늙어버린 나는 남편의 병 바라지를 하고 있다. 백세시대라는 현대의 자화상인지, 아픈 노인과 그 노인을 간병하는 노인, 노노세대는 늘어만 간다. 나의 청각을 깨우고 있는, 저 개구리 소리는 변치 않고 아직도 여전한데.

가만히 개구리 소리에 집중하다 보니, 강가에서 성장해온 푸른 시간들이 그리워진다. 하루가 다르게 옥수수 대처럼 키가 커가고, 어느 날 바람에 휘청이는 미루나무를 유심히 바라보거나, 하릴없이 묶여있는 낡은 나룻배 한 척이 외로워 보이고. 가슴에서는 톡톡 튀는 작은 물방울 같은 울렁임이 일 때, 나는 철부지 어린아이를 벗어나 사춘기 소녀로 향하고 있었다.

세월은 흐르는 강물처럼 내 시간들도 앗아가 버렸다. 하지만 내 마음속 고향의 강물은 나이도 먹지 않고 마르지도 않는다. 녹음기의 다시 듣기 기능처럼 언제나 시간을 거슬러 다시 흐르게 할 수 있다.

- 〈강물처럼 할머니처럼〉 중에서

외할머니와 작가 자신이 필요한 탈출구. 그 탈출구는 개구리 소리였음을 위의 인용문은 "나의 청각을 깨우고 있는, 저 개구리 소리는 변치 않고 아직도 여전한데. 가만히 개구리 소리에 집중하다 보니, 강가에서 성장해온 푸른 시간들이 그리워진다."고 토로한다. 작가는 "하릴없이 묶여있는 낡은 나룻배 한 척이 외로워 보이고. 가슴에서는 톡톡 튀는 작은 물방울 같은 울렁임이 일 때", "철부지 어린아이를 벗어나 사춘기 소녀로 향하고 있었"고, "아버지 손을 잡고 걷던 강가를 떠"올리며, 사춘기로 돌아갔다. 자신을 기다리며, "뒤돌아선 아버지의 얼굴"에 내린 붉은 노을과 개구리 소리를 들으며, 작가는 "감동에 푹 젖어 마음이 말랑말랑하게 치유되는 느낌을 받"는다. 그리고 "연못 안 개구리 소리는 점점 잦아들" 때, "원 없이 실컷 울다 지쳐서, 이젠 쉬고 싶"다는 생각을 하게 된다. "현재를 멈출 수도, 늦출 수도 없는 흐르는 길 위에서, 오늘도" 작가는 자신의 시간을 "강물처럼 말없이 흘려보낸다"고 이 수필을 마무리한다. 한 편의 서정적인 그림을 보여주듯이 작은 서사와 함께 엮어나가는 수필적 특성을 최성옥 수필에서 우리는 탐색해볼 수 있다. 서서수필과 서정수필의 장점을 혼합하여 감성적인 수필을 창조하고 있는 것이다.

3. 기행수필의 새 면모

작가들이 개인 모티프 확대를 위한 방법 중 가장 많이 사용한 방식은 낯선 곳으로의 여행이다. 여행은 새로운 대상과 만남을 위해 떠남이지만 그 떠남부터 사람의 마음을 설레게 하고 낯선 것을 신선한 모티프로 탐색하는 계기가 되기 때문이다. 이른바 기행수필들이 최근에 많이 발표되고 주목되지만 여행 중 깊은 사유는 보이지 않는데, 반면 최성옥 기행수필은 새 지평으로 가능성을 보여주고 있어 주목된다. 그중 여행을 모티프로 한 수필 몇 편을 탐색하려 한다.

캄보디아의 타프롬 불교사원을 여행한 수필 〈공명의 방〉, 톤레사프 호수의 〈물 위에 떠있는 집〉, 그리고 〈마라도, 그 섬 길을 걷다〉이다.

이 세 편의 기행수필의 공통된 특성은 여행지로 가는 여정旅程을 서술하는 것이 아니라 여행지의 인상적인 한 부분을 테마로 하여 집중적으로 사유하고 있다는 점이다.

①바이마르만 7세는 이 공명의 방 (울림의 방)에서 어머니께 못한 효도를 통회하며 눈물을 흘렸다고 한다. 옛날 크메르제국은 왕족끼리만 결혼하게 되었지만, 바이마르만 7세의 어머니는 평민과 사랑을 해서 베트남으로 도피를 했단다. 두 사람 사이에서 바이마르만 7세가 태어났다. 그런 애틋한 사랑은 깊은 사연을 남겼나 보다. 왕족이란 신분도 잊고 평민을 사랑했던 바이마르만의 어머나 그 어머니를 그리며 눈물을 흘렸다는 바이마르만 7세. 사랑 앞에서는 왕족이란 신분도 자신을 신격화했을 크메르제국의 왕도 어쩔 수 없는 인간의 모습이었다니. 그래서일까? 공명의 방 울림 속에 분명 어떤 메시지가 담겨 있는 것 같았다.

- 〈공명의 방〉 중에서

②수상가옥들은 호숫가 주변으로 긴 띠처럼 떠있다. 지붕은 나무로 엮어서 덮고 녹슨 양철로 담을 세워 조그만 방도 만들었다. 달팽이 집처럼 옹색하고 좁은 방에서 가족들이 생활하나 보다. 작열하는 태양과 물속을 헤엄치는 물고기들이 그들의 전 재산인 양 몇 개의 그릇과 옷가지만 달랑 눈에 띈다. 이따금 삐죽이 하늘로 솟아있는 TV 안테나가 어색해 뵌다. 외부의 소식을 접하고 간접적인 문화생활의 수단일 텐데, 그것마저 이방인처럼 어설퍼 보인다.

- 〈물 위에 떠있는 집〉 중에서

③섬을 걸으며 나는 다른 세계로 인도된 듯, 아늑한 평화에 젖는다. 번잡한 일상에 휘둘린 육신과 정신이 치유되고 맑아지는 느낌이다. 건강에 적신호가 켜져 생동감을 잃거나 무료한 일상의 반복에 지쳐갈 때, 나는 지금 같은 이 순간을 얼마나 소망했는지 모른다.

일 년 전, 큰 수술을 앞두고 병원에 입원했다. 창밖으로 하염없이 내리는 흰 눈은 도시를 마비시키고, 나는 하얀 병실에 꼼짝없이 갇혀있다. 어쩌지도 못하고 고독한 섬에서 폭풍을 만난 셈이다. 다시 건강을 찾고 나서 섬에 가보고 싶었다. 한없이 펼쳐진 광대한 바다와 한 점 작은 몸뚱이로 풍파를 이겨내는 작은 섬을.

- 〈마라도, 그 섬 길을 걷다〉 중에서

①은 바이마르만 7세가 어머니를 위해 건립했다는 불교사원 타프롬의 '공명의 방'과 관련된 이야기를 쓴 부분이다. 작가는 세계 7대 불가사이라는 이 사원을 돌아오는 동안 신비감에 싸여 있었음을 토로한다. 특히 "하늘을 향해 가파르게 쌓아 올린 외벽에는 곡예를 하듯 조각품들이 새겨져 있고, 지붕을 대신한 부처의 얼굴상은 묘한 신비감에 젖어있다."는 토로가 그것인데, 아름다운 사원을 조각한 장인들의 예술혼, 귓가를 맴도는 공명共鳴의 방의 그 울림, '공명의 방'의 그 메시지는 "'깊은 잠에 주검처럼 굳어진 저 석물들을 보라.' '죽음은 말이 없나니 살아있는 동안 아낌없이 사랑하고 넘치도록 사랑받는 삶을 살아가라'고./신을 향한 인간의 영속적인 사랑과 어머니를 그리는 자식의 사랑, 신분을 초월한 아름다운 사랑"의 메시지임을 이 수필의

결말 부분에서 언급한다.

②는 캄보디아의 톤레사프 호수에서 수상가옥을 짓고 사는 베트남 난민들의 단편적인 모습을 잠깐 소개한 부분이다. 이들의 삶을 바라보면서 최성옥 작가는 사유한다. "나의 네모난 틀 속에 맞추려는 건 아닌지. 어쩌면 조금 전 나와 눈이 마주친 아이는 어항에서 도망쳐 강물로 돌아간 어린 물고기일지도 모른다. 물질의 풍요나 활보할 수 있는 자유보다 생존의 기로에서 찾은 삶은 무엇보다 소중할 것이기에…./인간은 누구나 머물다 가는 곳이 다르지만, 행복의 척도는 스스로 선택하는 것이리라. 말없이 흐르는 톤레사프 호수를 내려다보며 나는, 내게 묻는다. 너는 저들보다 풍족하기에 행복하다고 자신 있게 말할 수 있느냐고. 오히려 더 많은 것을 채우려 작은 행복들을 놓치며 허둥대고 있진 않느냐고" 작가는 스스로 행복의 척도를 되묻는다.

③은 최남단의 섬 마라도 길을 걸으면서 "다른 세계로 인도된 듯, 아늑한 평화에 젖는다. 번잡한 일상에 휘둘린 육신과 정신이 치유되고 맑아지는 느낌"을 갖는다. 그리고 일 년 전 큰 수술로 병실에 갇혔던 "그 고통의 시간을 위안받듯이 나는 아름다운 섬 길을 걷는 행복을 누리고 있다. 푸른 파도와 바람과 새소리, 섬의 초록빛 초원. 아름다운 자연은 어두워진 귀와 눈을 말갛게 헹구어 낸다. 바다를 끼고 도는 마라도의 산책로는 가히 매력적이"라고도 토로한다. 그리고 "언젠가 마라도를 다시 찾아가야겠다. 나 혼자 외딴섬이 되어 나를 되돌아보

는 시간을 가져야지. 해녀의 집에서 민박도 해보고, 조그만 성당에서 미사도 드리고, 섬 길에서 만나는 야생화 한 송이와도 대화를 나누어야지./하얀 등대가 배의 길잡이가 되어준다면, 마라도 섬은 상처 입고 지친 여행객들을 묵언으로 위로해주는 무언가 모를 신비함이 있다"고 사유하기도 한다.

이 수필집의 표제 수필인 〈괜찮다〉는 작가의 유년 시절 덧니를 빼면서 어버지의 달래던 "성옥아, 괜찮다." "조금 참으면 곧 끝난다." "덧니를 빼면 웃을 때 예뻐질 거야." 라는 위로와 용기를 주던 말이 이 수필의 키워드다. 그 사건 이후, 작가는 "어렵거나 힘들 때, 살면서 예기치 않게 아프거나 다칠 때, 실수나 손실로 안타까워할 때면, 아버지의 따스한 손길과 음성을 떠올리곤 했다. 그러면서 다시 힘을 내곤 했다./살아가면서 누군가의 진정한 위로가 얼마나 많은 용기와 힘을 주던지. 나는 요즘 또 위로가 필요한 시기인가 보다. 이젠 덧니도 없고 입을 가리고 웃어야 할 일도 없는데 자꾸 웃음을 잃어 가려고 한다. 잘 웃던 내겐 어울리지 않는다. '때론 힘들어 지칠 때도 있는 거야. 곧 괜찮아질 거야.' 힘내라 하는 아버지의 위로의 말이 들리는 듯하다./나는 다시 활짝 웃을 수 있을 것만 같다."는 이 수필의 결말 부분의 마무리처럼 이 수필이 많은 분의 위로와 용기를 줄 것으로 믿는다. 그것은 최성옥 수필의 문학적 성과인 서사수필과 서정수필의 경계를 허물고 깊은 사유로 따사롭게 우리 모두에게 다가오기 때문이다.

이처럼 최성옥 수필은 독자들에게 위로와 용기를 준다. 원 소스 멀티 유스적 가치가 있는 정겨운 스토리의 서사성과 그것을 감싸고 있는 감성적인 서정성, 그리고 깊은 사유를 통해 원체험 공간인 고향의 정겨운 이야기와 수필 창작적 대상이 되는 사물의 표상에 대한 깊은 인식을 통해, 그리고 생활수필과 기행수필을 통해 새로운 지평을 열어주고 있다는 점에서 우리는 그의 수필을 읽는다. 그리고 기다린다.

최성옥 수필집

괜찮다

인쇄 2025년 9월 19일
발행 2025년 9월 25일

지은이 최성옥
발행인 서정환
펴낸곳 인간과문학사
주 소 서울특별시 종로구 삼일대로 30길 21, 종로오피스텔 714호
전 화 (02) 3675-3885 (063) 275-4000
팩 스 (063) 274-3131
이메일 inmun2013@hanmail.net
출판등록 제300-2013-10호
인쇄·제본 신아문예사

ISBN 979-11-6084-261-6 03810
값 16,000원

Printed in KOREA

저작권자 ⓒ 2025, 최성옥
이 책의 저작권은 저자에게 있습니다. 서면에 의한 저자의 허락없이 내용의 일부를 인용하거나 발췌하는 것을 금합니다.

* 저자와 협의하여 인지는 생략합니다.
* 잘못된 책은 바꿔 드립니다.